Capaces de enseñar, dispuestos a aprender

Colección «EDUCACIÓN»

8

ANDRÉS GARCÍA INDA

CAPACES DE ENSEÑAR, DISPUESTOS A APRENDER

Mensajero

© Ediciones Mensajero, 2018
Grupo de Comunicación Loyola
Padre Lojendio, 2
48008 Bilbao – España
Tfno.: +34 94 447 0358 / Fax: +34 94 447 2630
info@gcloyola.com / www.gcloyola.com

Diseño de cubierta:
Magui Casanova

Fotocomposición:
Marín Creación, S.C.

Impreso en España. *Printed in Spain*
ISBN: 978-84-271-4246-3
Depósito Legal: BI-1079-2018

Impresión y encuadernación:
GraphyCems

A la comunidad educativa
del Colegio del Salvador
de Zaragoza.

Índice

Presentación

Hay disposiciones y modos de actuar que contribuyen a hacer «buena» la educación y otras que, por el contrario, la dificultan o entorpecen. A las primeras podríamos llamarlas «virtudes» educativas, mientras que las segundas serían defectos o vicios de la enseñanza y el aprendizaje. Con el ánimo de contribuir precisamente a una educación mejor, este trabajo quiere proponer –o más bien provocar– un puñado de reflexiones sobre algunas de esas virtudes educativas. Y aspira además a hacerlo «en clave ignaciana», es decir, tomando como referencia la experiencia de la tradición pedagógica y espiritual de Ignacio de Loyola.

Aunque inicialmente no estaba entre los planes de su fundador, los jesuitas muy pronto comenzaron a fundar colegios como parte de su misión apostólica. La razón es muy sencilla: la finalidad de la enseñanza de los colegios humanistas que empezaban a crearse entonces –la formación del carácter– sintonizaba perfectamente con el «arte de vivir cristianamente» que los jesuitas querían impulsar cuando comenzaron a vivir y a trabajar juntos, «es decir, persuadir y enseñar a otros cómo ser cristianos en el sentido más pleno de la palabra, con una conciencia especial de responsabilidad social» (J. W. O'MALLEY, 2016, p. 203). La educación humanista era el medio idóneo para la formación cristiana que los jesuitas querían promover, tanto en lo que hace a la formación intelectual en las ciencias, las artes y las letras, como al aprendizaje de la virtud que esa formación llevaba inseparablemente aparejada, condición *sine qua non* de la vocación cristiana. De hecho, aunque conceptualmente podamos estudiarlas y analizarlas por separado, la espiritualidad ignaciana nació intrínsecamente unida tanto a la ética como a la pedagogía[1].

Se ha escrito, reflexionado y criticado mucho sobre la formación del carácter y de las virtudes a lo largo de la historia de la educación jesuita: la voluntad, la excelencia, la disciplina, la piedad[2]... Pero, además, la experiencia pedagógica y espiritual recogida por Ignacio de Loyola en los *Ejercicios Espirituales* también hacía referencia de un modo u otro a las virtudes *para* la educación, es decir, a las actitudes, las prácticas y los modos de hacer necesarios para un buen aprendizaje. En lo que sigue, como decíamos, se plantean algunas reflexiones sobre cuatro de esas virtudes que podríamos

---

[1]   Sobre la génesis de los colegios jesuitas cf. J. W. O'MALLEY (1993, pp. 249-298).

[2]   Véase, por ejemplo, Paul J. SHELTON (2014) o M. REVUELTA (1998). Una interesante vía de reflexión crítica sobre la evolución de la formación en los colegios jesuitas la proporciona la literatura. Véase al respecto por ejemplo F. EZPELETA (2009) o J. IGELMO (2015).

considerar condiciones incluso *pre-pedagógicas* –si así puede decirse– de la buena educación: la sencillez, la confianza, la paciencia y la profundidad. Evidentemente no son las únicas virtudes educativas e incluso alguien podría pensar, tal vez con razón, que falta alguna otra importante –como, por ejemplo, la voluntad–, pero que en nuestra opinión está también presente o late en esas cuatro a las que nos vamos a referir.

Diremos de ellas que son *las virtudes del asombro* porque facilitan o hacen posible esa experiencia de encuentro y descubrimiento –con la realidad, las cosas, la naturaleza, la cultura, los otros...– que está en el fondo de los procesos de enseñanza-aprendizaje. Desde sus orígenes, el pensamiento filosófico se refirió al asombro para definir lo propio de la sabiduría y el conocimiento. Platón decía a través de Sócrates que lo propio del filósofo es maravillarse, «no hay otro principio de la filosofía que no sea este» (PLATÓN, *Teeteto*, XI § 155d); y Aristóteles afirmaba que «fue la admiración lo que movió, como lo es hoy, a los primeros pensadores en sus indagaciones» (ARISTÓTELES, *Metafísica* A 2, § 982b). Con ellos se iniciaba un largo proceso de reflexión y debate entre quienes concebirían el asombro como una realidad de los sentidos o de la razón; un estado pasivo del alma o uno en el que interviene la voluntad; una disposición previa a todo interés por la sabiduría o el resultado de la misma; o un estado pasajero y provisional o una disposición permanente[3]. Pero

---

3 Sobre el asombro, cf. A. MILLÁN-PUELLES (1992), S. PETROSINO (2001) o J. UGALDE (2017). Y sobre el asombro en la educación: C. L'ECUYER (2012).

más allá de esas disquisiciones sobre el carácter epistémico de la admiración, lo que late en el fondo de la sorpresa que el asombro supone es el descubrimiento, la *visión* de una posibilidad de algo nuevo o diferente más allá de los límites de lo *evidente*, el *re-conocimiento* propio y ajeno que surge del mismo *conocimiento*. «Darse cuenta de una dificultad y admirarse, es reconocer la propia ignorancia», decía Aristóteles. Es decir, el asombro viene a ser por un lado la chispa que pone en marcha el motor del aprendizaje y a la vez, por otro lado, el aprendizaje constituye la fuente de la que mana el asombro y la admiración. De ahí la conciencia de que, si muchas veces no es posible esa sorpresa, esa ruptura y esa revelación, es porque nuestra forma de acercarnos a la realidad no lo permite, o cuando menos lo dificulta, distrayéndonos de lo esencial. ¿Qué conlleva entonces esa disposición al asombro? Apertura activa hacia la realidad –podríamos decir–, acogida respetuosa, toma de conciencia… En ese sentido, nuestra reflexión viene a insistir en la importancia del asombro como el detonante de la motivación intrínseca en la educación y como resultado de la misma; la observación atenta como la mecha de esa admiración; la paciencia como el camino que lleva a la observación y, sobre todo, la curiosidad y la confianza como actitud y disposición básica para aprender.

También la experiencia de conversión de Ignacio de Loyola tiene mucho que ver con la admiración y el asombro y así se refleja en su pedagogía espiritual. Sin embargo, reflexionar sobre la educación «en clave ignaciana» es hacerlo desde una tradición particular, pero con una clara apertura o vocación universal. Por eso, como esperamos que el lector pueda percibir, aunque las reflexiones que aquí se sugieren *parten* de una pedagogía espiritual determinada –o por decirlo con otras palabras: inevitablemente nacen *a la sombra de un árbol* (B. ESTRELLA, 2014, pp. 12-13)– lo hacen *buscando salir al encuentro* y en diálogo con otros lenguajes y tradiciones espirituales y pedagógicas. Por ello, es de esperar que, si estas páginas tienen algún interés, puedan servir más allá de las fronteras de la educación jesuita en la que se gestaron. En realidad, como me dijo en cierta ocasión el P. José Alberto Mesa, SJ, la pedagogía ignaciana no existe; es un diálogo permanente con las pedagogías existentes; es una pedagogía siempre desde el comienzo.

El esquema inicial de estas reflexiones tuvo su origen en diferentes sesiones de formación con docentes y familias del Colegio del Salvador de Zaragoza, perteneciente a la red de centros educativos de la Provincia de España de la Compañía de Jesús, durante los años 2011 a 2017. Y se fue alimentando con lecturas, reuniones, conversaciones y reflexiones compartidas con muchas personas, compañeros y amigos, tanto del propio Colegio como de otros centros educativos –entre los que hay que destacar muy especialmente al equipo directivo del Colegio y al equipo de directores de la Zona Norte de la misma Provincia, coordinados por Ricardo Angulo–, conformando así una especie de mosaico de referencias y citas que en el fondo lo que querría reflejar es el eco de todas esas conversaciones y reflexiones compartidas. Aunque en algunos momentos puedan sincopar algo el discurso o la lectura, si hemos optado por respetar esa estructura de referencias y citas en el texto, además de para reconocer la fuente de muchas de nuestras reflexiones, es también con el ánimo de facilitar al lector algunas vías con las que ampliar o profundizar, si así lo desea, lo que aquí se expone[4].

Son muchos los nombres y los rostros que me han ayudado a pensar y escribir sobre estas «virtudes del asombro» (y a sentir el deseo de vivirlas). Algunas personas tuvieron mucho que ver en su gestación y otras, además, con la sinceridad, la paciencia y el cariño de los buenos maestros, tuvieron a bien leer, valorar y hacer observaciones, correcciones y mejoras a los primeros borradores de este texto. Entre ellas no puedo dejar de mencionar expresamente a Juan Jesús Bastero SJ, Carmen Eguílaz Alsúa, Guillermo Goldáraz Violadé, Manuel Magdaleno Peña, Mª Carmen Ramos García, Eva Rodríguez Salcedo o Jorge Sanz Barajas. Si algún mérito o valor pueden finalmente tener estas páginas es fundamentalmente gracias a ellos y a todos los que

---

[4] En ese sentido, en una suerte de «metadiscurso» o de «cita sobre las citas» podríamos acudir, en defensa propia, a las palabras del poeta y articulista Enrique García-Máiquez: «Cierto que yo cito mucho, y que alguien podría pedirme ahora explicaciones. Por si acaso, las doy. Nunca baso mis artículos en la razón de la autoridad, sino en la autoridad de la razón, pero, si un pensamiento lo expresó muy bien alguien o me lo enseñó, lo cito por puro reconocimiento y admiración. No para ampararme. Y también porque creo que la cultura es una conversación y me gusta llamar por su nombre propio a mis interlocutores». (E. GARCÍA MÁIQUEZ, «Yoko Ono», en *Diario de Cádiz*, 27 de julio de 2017, http://bit.ly/2hhpSXg).

–tanto implícita como explícitamente– colaboraron en su gestación, aunque por las limitaciones del autor el resultado final no refleje adecuadamente el nivel y la calidad de sus aportaciones.

Estas páginas fueron escritas también con el deseo de devolver a la comunidad educativa del Colegio al menos una parte de lo aprendido durante esos cursos, con el agradecimiento admirado de quien se asombra por tanto bien recibido. Con razón se dice que «la experiencia del asombro va acompañada de la experiencia de un incomprensible *retraso* en el sorprenderse» (S. PETROSINO, 2001, p. 77). El asombro, la sorpresa, como el conocimiento perfecto, casi siempre llega tarde (J. GOMÁ, 2017, p. 114). Esperemos que el agradecimiento no; de ahí la dedicatoria a todos ellos. Entre todos, sin embargo, permítaseme que haga una referencia especial –y expresa– a quienes más cerca, profunda y sobre todo más pacientemente, confiaron durante esos años de trabajo: para Luisa, Ignacio, Andrés y Luis.

Zaragoza, septiembre 2017.

Las virtudes del asombro

Educar en el asombro

¿Qué es el aprendizaje? ¿Qué supone? ¿En qué consiste? Begoña Ibarrola lo define, de una forma muy básica y simplificada, como un proceso de «adquisición de programas mentales» (B. IBARROLA, 2013, p. 72). Tales programas son los que luego nos sirven para comunicarnos, para resolver problemas o para gestionar adecuadamente nuestras emociones, entre otras muchas cosas: para relacionarnos y comportarnos como padres o hijos, como ciudadanos y como profesionales; para entender e interpretar la realidad y para transformarla. Cualquier experiencia educativa es, en ese sentido, un proceso de crecimiento y transformación personal. Y por eso mismo, aunque la educación (formal) se centra en las etapas iniciales, el aprendizaje no termina nunca.

Cada vez sabemos más sobre la educación y a la vez —paradójicamente— cada vez nos damos más cuenta de lo poco que sabemos. A pesar de los inmensos avances que se van dando en las ciencias de la educación, sobre todo con la ayuda de las neurociencias –o precisamente por ello–, el proceso de enseñanza-aprendizaje sigue siendo un misterio fantástico, sorprendente y asombroso, que escapa a nuestro deseo de control total como si fuera arena entre las manos. Y, de hecho, en buena medida, en esa sorpresa o novedad radica la fuerza de la experiencia educativa: en la fiesta de lo nuevo (A. GABILONDO, 2006).

Catherine L'Ecuyer lo ha expresado de una forma sencilla y profunda a la vez, en un libro muy recomendable para padres y educadores: *Educar en el asombro* (2012). En ese trabajo, L'Ecuyer insiste precisamente en la experiencia del asombro como la clave de bóveda de la educación, de todo aprendizaje, subrayando la necesidad de volver a plantear este como una aventura interior, frente al exceso tecnológico, el mecanicismo y la sobreestimulación de los niños. Cuando pensamos en el asombro, sin embargo, tendemos a asociarlo únicamente con la primera infancia, esa etapa de la vida en la que precisamente porque todo está por descubrir, la curiosidad parece estar más acentuada y la admiración resulta algo «natural» (si así puede decirse) y cotidiano. Pero en realidad esa disposición a la sorpresa nos acompaña toda la vida, en la medida en que queramos alimentarla. Sabemos que la plasticidad del cerebro dura prácticamente toda la vida. Es verdad que la infancia es un periodo de mayor plasticidad (llamado «crítico» por la neurociencia), pero el ser humano «conserva durante toda la vida las características neotécnicas, y con ellas, la curiosidad, la sed de conocimientos y, hasta cierto punto, el comportamiento propio de un niño»

(L. Maffei, 2016, p. 20). De ahí que incluso cuando el cerebro inevitablemente envejece, sigue siendo posible modular su funcionamiento y aumentar su plasticidad, es decir, «entrenarlo». Evidentemente, el asombro de un niño no es el mismo que el de un adolescente o el de un adulto, ni los procesos o las condiciones que lo hacen posible son las mismos; posiblemente en el primer caso sea más fácil y más llamativo, pero puede que sea también más efímero o superficial.

Además, una concepción limitada del asombro como la fuente del aprendizaje podría llevarnos a pensar en este como un proceso meramente «pasivo» de adquisición de conocimientos y que únicamente se estimula desde fuera a través de la sorpresa continua. De hecho, la reivindicación del asombro coincide con la apelación que las neurociencias han hecho en los últimos años sobre la importancia de las condiciones emocionales del aprendizaje. El cerebro, nos dicen los neuropsicólogos, necesita «emocionarse» para aprender[1]. ¿Pero qué quiere decir que debe «emocionarse»? ¿Que debe vincularse la inteligencia con el afecto? ¿Que el alumno debe «sentir» también además de «comprender»? ¿Que debe divertirse? ¿Que hay que motivar o «estimular» desde fuera al cerebro para que se emocione?

No hay poca confusión al respecto. A veces confundimos el asombro y el aprendizaje con el entretenimiento, la distracción y la excitación de los sentidos;

---

[1] Ana Torres, «El cerebro necesita emocionarse para aprender», *El País*, 18 de julio de 2016. http://bit.ly/2jcZj9S. Véanse al respecto las aportaciones de F. Mora (2013).

la emoción con la diversión. Pero en realidad, la admiración que surge del conocimiento puede tener muy poco de espontáneo; en ocasiones es el resultado de un proceso largo y esforzado en el que tanto la voluntad interna como el impulso, la ayuda o la orientación externa juegan papeles muy importantes[2]. El asombro también tiene que ver con el esfuerzo y con la atención continuada. Por eso, «cuando hablamos de fomentar experiencias educativas o de introducir innovaciones en los centros, lo primero que debemos preguntarnos es si contribuyen al fortalecimiento o a la dispersión de la atención de nuestros alumnos» (G. Luri, 2015, p. 20), es decir, si lo que favorecen es realmente el aprendizaje o únicamente la distracción. Eso no quiere decir, por supuesto, que el entretenimiento sea algo perverso, contrario a la enseñanza, o que el aprendizaje deba ser siempre un proceso arduo, aburrido y fatigoso, pero en ocasiones –e inevitablemente– lo es; más aún, como insiste Luri (2015, p. 116), «el aburrimiento puede ser una magnífica oportunidad para desarrollar la imaginación». Como decía el escritor Cristóbal Serra (1999,

---

[2] Frente a quienes lo reducen a una ocasión azarosa, hay que tener en cuenta que, «como en la improvisación musical, el asombro espontáneo puede ser el fruto de una larga y cuidadosa preparación. Y esta percepción consiste siempre en un trabajo que el ser humano realiza no solo sobre la realidad sino también y ante todo sobre sí» (L. Ordoñez, 2013, p. 143). La educación es parte de ese trabajo. El asombro no es solo la chispa que produce la iluminación, sino el resultado de la misma; y no solo la admiración que nace del conocimiento, sino la que lo provoca.

p. 13), «la rutina no solo es el substrato de nuestras vidas. Es también el viento que hincha la vela de la imaginación».

Dicho en otros términos, el asombro no tiene solamente que ver con lo extraordinario, con lo fuera de lo común, sino también con lo ordinario, con lo cotidiano; o, por así decirlo, con el descubrimiento de lo extraordinario en lo ordinario y lo cotidiano, en la rutina y en ocasiones, también, en el aburrimiento. Eso es, en cierto sentido, lo que llamamos un «acontecimiento». Y el aprendizaje consiste en descubrir el acontecimiento que se nos presenta, y a menudo se oculta, envuelto en los hechos. Por ejemplo, nos asombra encontrar un trébol de cuatro hojas porque resulta algo extraordinario, raro, casi milagroso; pero como escribe el poeta Christian Bobin, si lo contemplamos y lo pensamos detenidamente, lo propiamente milagroso es ya, en sí, el trébol común, el trébol de tres hojas: «no salgo de mi asombro ante estas cosas tan banales –dice el poeta– y yo ante ellas, destinado a desaparecer» (C. BOBIN, 2006, p. 19). El asombro ante lo extraordinario es propio de la primera ingenuidad, la de «los niños, de los románticos, de los enamorados en el albor de su historia», y va aparejada con «la convicción de que el mundo es bueno y la gente es buena, y la buena voluntad basta para conseguir cualquier cosa»; pero la realidad luego se nos muestra gris, rutinaria y en ocasiones traidora y complicada. «La primera ingenuidad» –escribe J. Mª Rodríguez Olaizola a propósito del testimonio vital del «obispo de las sillas de ruedas», Kike Figaredo SJ– «se acaba cuando la realidad, o sus facetas más sombrías, despiertan la capacidad crítica. Uno abre los ojos, el entendimiento, y hasta el corazón, y dentro experimenta el coraje, la queja, el deseo de que las cosas cambien. Pues bien, la crítica puede convertirnos en gente dura, exigente y mordaz. Y parece que ya no haya nada que aprender. Es la sensación de quien "está de vuelta", incluso aunque haya caminado muy poco. Pero hay también una segunda ingenuidad, la del asombro ante lo ordinario, que es la que nos permite seguir aprendiendo; la de "la fe en el ser humano a pesar de los pesares"; si somos capaces de seguir apostando por la generosidad, el amor y la gratuidad, incluso en un mundo que ya sabemos turbulento y raquítico; si somos capaces de continuar defendiendo la inocencia más allá de los infiernos, esa segunda ingenuidad, mucho más lúcida, es la mayor forma de libertad» (J. Mª RODRÍGUEZ OLAIZOLA, 2016, pp. 125-126)[3].

Normalmente, además, quien está en la situación de aprender –y sobre todo cuanto más «aprendiz» es– no está en condiciones de distinguir lo uno de lo otro, el aprendizaje de la distracción (o el aprendizaje que también se esconde en la distracción y el que no), el hecho del acontecimiento, y puede incluso que lo más fácil o lo más inmediato le aparte –le distraiga– del conocimiento de lo nuevo, sobre todo porque muchas

---

[3] La noción de «segunda ingenuidad» es de P. RICOEUR (1982, pp. 489ss). IGNACIO BONÉ, SJ (2014, p. 362) también la utiliza a propósito de la confianza, a la que luego haremos referencia, y en relación con la ingenuidad característica del liderazgo ignaciano, CHRIS LOWNEY (2014).

veces lo nuevo no radica en el hecho en sí, sino en su interpretación. Tal vez por eso Rachel Carson decía que «para mantener vivo en un niño su innato sentido del asombro se necesita la compañía de al menos un adulto con quien poder compartirlo, redescubriendo con él la alegría, la expectación y el misterio del mundo en que vivimos» (R. CARSON, 2012, p. 28). Por eso necesitamos maestros (padres y madres, profesores y educadores) que no solo estimulan o motivan, sino que sobre todo orientan, instruyen, dan ejemplo, acompañan y median.

En otro libro posterior al que ya hemos citado, Catherine L'Ecuyer ha insistido también en la importancia crucial de ese «acompañamiento»: la relación interpersonal que da sentido al aprendizaje y ayuda a dar respuesta a los inevitables porqués que explícita o implícitamente se plantean, y que puede resumirse en la mirada personal, frente al abuso de la tecnología. L'Ecuyer pone un ejemplo muy significativo (2015, p. 47): «imaginémonos que un adulto entra en un aula de parvulario para arreglar una luz, se sube a una escalera y suelta una palabrota al dejar caer una herramienta al suelo. ¿Adónde miran todos los niños? ¿A la herramienta? ¿Al hombre? No. Los niños miran al rostro de su maestra para interpretar lo ocurrido. Si la maestra le resta importancia, le restarán importancia; si frunce las cejas indicando que eso no se hace, llegarán a la misma conclusión; si ríe, harán lo mismo. Y por la noche explicarán a sus padres la anécdota, reaccionando ellos mismos de la forma en la que la maestra reaccionó. El principal cuidador del niño es el intermediario entre la realidad y él. Da sentido a los aprendizajes. Una pantalla no puede asumir ese papel, porque no calibra la información para el niño. El niño recibe tal como es, sin filtro, lo que emite la pantalla».

Las «condiciones de felicidad» del aprendizaje

Como apuntábamos antes, cada vez sabemos más –aunque seguimos sabiendo poco– acerca de los mecanismos tanto biológicos como culturales que intervienen en el proceso de enseñanza-aprendizaje, y sobre las condiciones que lo hacen posible; y ese conocimiento nos revela además el valor y la fragilidad del mismo. ¿Cómo podemos ayudar o facilitar entonces esos procesos? ¿Cuáles serían, por decirlo utilizando una expresión típica de la lingüística, las «condiciones de felicidad» o de «éxito» de la educación?[4] ¿Cuáles son las condiciones del asombro?

Ignacio de Loyola es uno de los grandes pedagogos de todos los tiempos. La pedagogía de los jesuitas es

---

[4] Las «condiciones de felicidad» de los enunciados es una expresión que tiene su origen en las investigaciones de J. L. AUSTIN (*Cómo hacer cosas con palabras*), proseguidas por J. SEARLE, para designar las circunstancias o requisitos que deben darse para que los enunciados lingüísticos tengan éxito. Parafraseando su expresión, las condiciones de felicidad del aprendizaje vendrían a ser las circunstancias necesarias para que el proceso de enseñanza-aprendizaje se desarrolle «felizmente», esto es, de modo exitoso, aunque esa felicidad no es necesariamente sinónimo de placer o de ausencia de dificultades; del mismo modo que el éxito del aprendizaje a veces difiere de otras formas de éxito (social, personal o incluso académico), porque también se aprende del fracaso.

heredera de la doble experiencia de Ignacio de Loyola como mistagogo y como humanista. No en vano, Ignacio de Loyola fue estudiante de la Universidad de Paris en tiempos de una gran revolución universitaria[5]. La pedagogía del santo de Loyola, fruto de su propio peregrinaje personal, quedó plasmada en el libro de los *Ejercicios Espirituales*, como un itinerario de crecimiento espiritual orientado precisamente a facilitar el asombro de la experiencia de Dios. Eso no quiere decir que los *Ejercicios* sean un tratado de pedagogía, sino que «constituyen una experiencia pedagógica en sí y contienen los elementos de determinada práctica educativa» (G. CODINA, 2007, p. 1428)[6]. Y no hay que olvidar además que los *Ejercicios Espirituales* no son un libro para ser leído, sino «ejercitado»; y que no va dirigido a los ejercitantes, sino a los acompañantes, a los maestros. Es, por decirlo de otro modo, un «manual del profesor». Pues bien, en dicho «manual», como una cuestión previa a la propia experiencia de los ejercicios espirituales, san Ignacio señala también algunas circunstancias tanto objetivas como subjetivas –y tanto para el maestro (o acompañante) como para el alumno (o el ejercitante)– «*para mejor hacer los Ejercicios y para mejor hallar lo que se desea*» (EE, 73); o sea, necesarias o favorables para ese proceso de enseñanza-aprendizaje.

---

[5] Cf. P. MESNARD (1985, pp. 53ss).

[6] Sobre la génesis de la pedagogía ignaciana y los *Ejercicios Espirituales* en clave pedagógica cf. por ejemplo C. LABRADOR (1992, pp. 20-22), ICAJE, (1993, nn. 23-26), W. I. LANGE (2005, pp. 29-49) o G. CODINA (2007).

Circunstancias o condiciones que van desde la ambientación psicológica, la preparación, las técnicas y medios a utilizar, etc., hasta las disposiciones o actitudes tanto por parte del ejercitante como del maestro, para sacar buen provecho del camino que se va a seguir. Son algo así como las disposiciones y el equipaje necesario por parte del viajero antes de iniciar el viaje. No merece la pena iniciar un viaje o una aventura si uno está excesivamente cansado, si siente pánico a viajar o a lo desconocido, o si tiene una idea absolutamente preconcebida de lo que se va a encontrar. Aunque la realidad siempre puede sorprendernos independientemente de nuestros planes, en tales circunstancias es razonable pensar que, posiblemente, el viajero no va a disfrutar del viaje, o no va a aprovecharlo tanto como podría si iniciara su viaje de otra manera. Como suele decirse, si no te gusta el agua, es difícil que disfrutes con la natación.

En el caso del aprendizaje, tal como lo propone Ignacio de Loyola en los *Ejercicios*, sucede algo parecido: resulta muy difícil –si no imposible– si uno adopta una postura absolutamente escéptica o negativa, cuando no de oposición frontal: cualquier profesor, antes o después, habrá tenido que vérselas con un alumno o una clase que pone las cosas difíciles y sabe bien de lo que estoy hablando (o, desde la perspectiva del alumno, todos nos hemos topado alguna vez con un profesor que parece que no quiere enseñar). Como expondremos después, es difícil aprender si uno no se deja enseñar[7]. Ello no

---

[7] «Desde hace años –me decía un educador– cada vez que entro en clase, lo hago como quien entra en casa de alguien

implica que uno no vaya a aprender, lo único que quiere decir es que es más difícil. Pero por eso mismo, como decíamos, san Ignacio hace algunas recomendaciones tanto al ejercitante como al maestro sobre las disposiciones necesarias que puedan *facilitar* el aprendizaje.

Pues bien, nuestra propuesta intenta recoger y sintetizar algunas de esas pautas en cuatro disposiciones básicas que vendrían a ser algo así como las «condiciones de felicidad» del proceso educativo. Podríamos decir que son **las virtudes del asombro**, o algunas de ellas cuando menos, aunque no las únicas evidentemente: la sencillez, la confianza, la paciencia y la profundidad. ¿Y en qué consisten o qué suponen?:

– *la sencillez*: distinguir e ir a lo importante;
– *la confianza*: dejarse enseñar;
– *la paciencia*: aceptar el propio ritmo y resistir;
– y *la profundidad*: prestar atención.

Pero antes de reflexionar sobre cada una de esas «virtudes», con carácter general habría que señalar o precisar tres cuestiones básicas a propósito de todas ellas. En primer lugar, podríamos decir que tales virtudes son a la vez el *presupuesto* del aprendizaje y el *resultado* del mismo. Siguiendo con el ejemplo de los *Ejercicios* de san

---

como invitado, sabiendo que me tengo que comportar educadamente, que debo ser sugerente y correcto si quiero captar la atención de los alumnos, que no puedo ser descortés porque la casa es de ellos, y que mi objetivo es que vuelvan a invitarme al día siguiente… Aprendo muchas cosas. Ellos, no lo sé…».

Ignacio, no es posible adentrarse en la experiencia de ejercicios sin una dosis mínima, por pequeña que sea, de confianza. Pero a la vez, la propia experiencia de los *Ejercicios Espirituales* contribuye a fortalecer, aquilatar y aumentar esa confianza. Pues bien, del mismo modo podríamos decir que esas cuatro virtudes son un punto de partida necesario para llevar a cabo la acción educativa y son a la vez el resultado del proceso de enseñanza-aprendizaje. Facilitan la buena educación y, al mismo tiempo, la buena educación contribuye a cultivarlas. Quienes confían con sencillez, pacientemente y prestan atención tienen más posibilidades de éxito (de enseñar y aprender). Hay que recordar que la noción de «virtud» hace referencia no solo a una disposición, sino también a la «fuerza» o energía moral que esa disposición conlleva. Es, por decirlo de alguna manera, un valor convertido en hábito. Virtud es lo que nos hace buenos y hace bueno lo que hacemos (J. L. MARTÍNEZ, 2007, p. 1774). Pues bien, la acción educativa precisa un mínimo de energía y a la vez contribuye a generar esa energía. Pero esa energía o esa fuerza no es algo que venga dado naturalmente, sino que también hay que alimentarla o «entrenarla» en el gimnasio. Las virtudes no son dones o características innatas que nos vengan dadas de serie; son hábitos que se aprenden, se adquieren y se cultivan a través de la práctica y de la emulación (el ejemplo): «pues lo que hay que hacer después de aprendido» –decía ARISTÓTELES (1970, § 1104a)–, «lo aprendemos haciéndolo; por ejemplo, nos hacemos constructores construyendo casas y citaristas tocando la cítara. Así también practicando la justicia nos hacemos justos, practicando la templanza, templados, y practicando la fortaleza, fuertes (...) En una palabra, los hábitos se engendran por las operaciones semejantes». De igual modo, la paciencia se adquiere pacientemente y la confianza se aprende cuando confían en nosotros, y tal y como confían. De ahí la importancia del contexto (organizativo, espacial, relacional...) en el que se desarrollan las prácticas educativas; es decir, de la *cultura escolar*.

Según la definición de la UNESCO, la cultura puede considerarse en general como «el conjunto de rasgos distintivos, espirituales y materiales, intelectuales y emocionales, que caracterizan a una sociedad o grupo social». En el caso de la escuela, la cultura escolar hace así referencia al entorno en el que nos movemos (el «aire» o ambiente que respiramos o el «agua» en la que nadamos), el lenguaje que hablamos[8], la manera de hacer las cosas, las cosas que hacemos y por qué las hacemos, las reglas (explícitas o implícitas) que rigen y organizan nuestras prácticas y relaciones, los símbolos, los rituales cotidianos... Reflexionar sobre nuestras disposiciones y actitudes en la educación es una forma de preguntarnos también por nuestra cultura escolar: ¿es la nuestra una cultura de la sencillez o del exceso y la apariencia? ¿De la confianza y la transparencia o de la desconfianza y el escepticismo? ¿De

---

[8] Que no es lo mismo que el idioma. En dos idiomas distintos puede hablarse un mismo lenguaje y en un mismo idioma hablar lenguajes diferentes. Sobre la noción de cultura cf. M. P. GALLAGHER (2003, pp. 1-26). Y sobre la noción de cultura escolar cf. M. E. ELÍAS (2015).

la paciencia y la resistencia o de la prisa, la renuncia y la resignación? ¿De la profundidad y la atención o de la superficialidad y la dispersión? Y puesto que la cultura no es un asunto o responsabilidad exclusiva de la organización escolar, o de la actividad del profesor, o de la actitud del alumno y de su familia, ¿qué podemos y debemos hacer todos y cada uno, entonces, para favorecer esas «virtudes del asombro»?

En segundo lugar, aunque podamos diferenciarlas y tratarlas por separado, una correcta interpretación de lo que esas cuatro virtudes significan y de las implicaciones que puedan tener en nuestra vida cotidiana, exige además considerarlas *conjuntamente*. Los estoicos subrayaban esta idea de la relación entre las virtudes como parte todas ellas de la *areté* o excelencia humana, de forma que resulta imposible tener una sola virtud. «La justicia y la paz se besan», dice la Escritura (Salmo 84). La justicia anima y alimenta la paz y al revés, de la paz nace la justicia. Si son auténticas, no hay la una sin la otra. Igualmente, la confianza implica paciencia (y viceversa), o la profundidad nace de la sencillez.

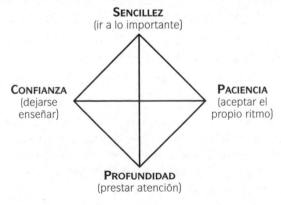

SENCILLEZ
(ir a lo importante)

CONFIANZA
(dejarse
enseñar)

PACIENCIA
(aceptar el
propio ritmo)

PROFUNDIDAD
(prestar atención)

Educar y aprender en clave ignaciana

Por último, como ya apuntábamos hace un momento, estamos ante disposiciones, actitudes o hábitos que *atañen a todos los implicados* en el proceso educativo –padres y madres, educadores, alumnos, gestores– y no solo a algunos de ellos. Es verdad que hay virtudes específicas del maestro y otras que son propias del alumno, del que enseña y del que aprende, o del que dirige o coordina y del que es coordinado, etc. Precisamente porque la virtud está vinculada a una práctica determinada (y al modelo de excelencia propio de esa práctica), cada una de ellas tiene sus virtudes específicas: las cualidades que hacen que alguien sea un buen docente, o un buen alumno, o un buen padre o madre, o un buen coordinador de etapa. Sin embargo, también las hay que son comunes a todos ellos –como estas cuatro: sencillez, confianza, paciencia y profundidad–. Pero no de igual manera, evidentemente. A cada uno nos corresponde interpretar qué supone afrontar la acción educativa con sencillez, con confianza, con paciencia y profundidad, entendiendo en todo caso que el alumno es el protagonista de ese proceso.

Si hablamos de «virtudes del asombro» o de «condiciones de felicidad» de la acción educativa es porque pensamos, a la luz de la propuesta pedagógica de Ignacio de Loyola, que de alguna manera esas disposiciones virtuosas facilitan la experiencia de encuentro, conocimiento y transformación que supone el aprendizaje;

aunque evidentemente, como decíamos al principio, la educación siempre desborda todas nuestras previsiones, del mismo modo que la experiencia de Dios sigue sorprendiéndonos más allá de todos nuestros cálculos (G. W. HUGHES, 2012).

Ir a lo importante (Sencillez)

La sencillez

La sencillez nos permite asombrarnos ante la realidad percibiendo dónde está lo importante, aun sin saber realmente qué es. En ocasiones tendemos a identificar lo «sencillo» con lo «simple» y, por lo tanto, como algo carente de valor. Pero en realidad lo sencillo es lo auténticamente valioso, precisamente porque está despojado de todo lo fútil e innecesario. Si echamos un vistazo al Diccionario de la RAE, en él se dice que es sencillo lo que no tiene artificio ni composición, lo que carece de ostentación y adornos, sin doblez ni engaño. La sencillez es, en ese sentido, sinónimo de ausencia de ornamentación, de decoración innecesaria, de trampa. Por eso mismo, la virtud de la sencillez consiste en saber distinguir e *«ir a lo importante»*, abandonando lo superfluo, lo que distrae, despista u oculta.

La auténtica sencillez no es nada fácil. En primer lugar, porque exige de nosotros un compromiso de sinceridad sobre lo que nos mueve realmente; y, en segundo lugar, porque incluso asumiendo nuestra voluntad de verdad, distinguir lo que realmente es importante puede en ocasiones resultarnos bastante complejo: porque nos ciega lo urgente, lo inmediato o lo que deslumbra; o porque nos aturden nuestros propios ruidos o rutinas. Cuántas veces el alumno, por ejemplo, se queda con el ejemplo o la anécdota, mirando el dedo en lugar de aquello a lo que este quiere señalar; o cuántas veces el docente centra su preocupación en aspectos que siendo útiles resultan secundarios en la acción educativa, sea por incompetencia o por pereza; o cuántas veces la atención de la familia se ocupa en detalles accesorios –en las actividades extraescolares o en los servicios, por ejemplo–, en lugar del núcleo de la acción pedagógica, o busca más la comodidad o la apariencia, en lugar del aprendizaje en profundidad...

¿Qué es lo verdaderamente importante? Para responder a esa pregunta quizás debemos empezar por pensar y reconocer qué es lo que *de hecho* resulta importante para nosotros. A menudo decimos que lo importante es una cosa, pero, en realidad, en la práctica damos importancia a otras. De ahí que necesitemos también preguntarnos: ¿a qué damos realmente importancia en la educación, o en nuestro colegio? ¿A dónde van a parar nuestros esfuerzos, nuestro tiempo...? ¿Dónde ponemos nuestro corazón? Por ejemplo: socialmente se dice que la educación es lo más importante, pero ¿a qué destinamos realmente nuestros recursos (no solo económicos, sino también en términos de tiempo, personales, etc.), tanto públicos como privados? En el fondo, de lo que se trata es de plantearnos cuáles son realmente nuestras *creencias* en el ámbito educativo, las convicciones que nos impulsan y nos orientan, los motivos reales y profundos que nos mueven, el horizonte al que aspiramos llegar, la distancia que estamos dispuestos a recorrer y el esfuerzo que somos capaces de realizar. O tratar de desvelar lo que, en términos lacanianos, el filósofo Zizek llama «lo "conocido desconocido", las creencias y las suposiciones negadas de las que ni siquiera somos conscientes y que se adhieren a nosotros» (S. ZIZEK, 2015, p. 23). Porque, además, esas creencias y esas convicciones no son estáticas; no son las mismas cuando uno empieza a trabajar como educador en un colegio que cuando está a punto de jubilarse; ni cuando una familia escoge colegio y matricula a su hijo en el centro, que cuando ese alumno ya está a punto de graduarse. En cierta ocasión, impartiendo un curso sobre la motivación del voluntariado en un programa de voluntarios de una entidad que trabaja con toxicómanos, oí a un psicólogo decir que todo el mundo tiene derecho a tener sus motivos, pero tiene el deber de conocerlos[1].

---

[1] Quizás habría que empezar por reconocer que, a pesar de lo que suele decirse, sociológicamente la educación no constituye en sí misma una de las principales preocupaciones de la sociedad española. Para la inmensa mayoría de la población la educación no solo no es «lo importante» sino que ni siquiera constituye un problema relevante. Una de las fuentes de datos que corroboran la falta real de interés de los españoles en la educación es la evolución del gasto medio por hogar en enseñanza. En el año 2015 el gasto en enseñanza no llegaba al

Lo importante y lo sagrado

¿Qué es lo importante y qué es «lo sagrado», para mí, para cada uno, para todos? En más de una ocasión todos necesitamos preguntarnos eso con sinceridad, para no engañarnos y para edificar realmente sobre roca. Hay cosas que son absolutamente contingentes, las hay que son importantes o muy importantes, y las hay que son sagradas, es decir: intocables, incuestionables, absolutas. En realidad, más allá de tópicos o ideales de manual, lo realmente importante es aquello por lo que estamos dispuestos a pelear, a «dejarnos la piel», o aquello a lo que no estamos dispuestos a renunciar. La idolatría consiste precisamente en convertir en sagrado aquello que no lo es. También hay una «idolatría educativa» que nos invita a poner todos nuestros esfuerzos en lo que no es esencial o importante; o que convierte en *principio y fundamento* de nuestra acción educativa aquello que en el fondo no lo es (o que no debe serlo).

Para ilustrar lo que quiero decir suelo citar dos textos.

El primero es del teólogo norteamericano William T. Cavanaugh: «Reconocemos verbalmente que la nación y la bandera no son realmente dioses», escribe CAVANAUGH (2010, p. 232), «sin embargo, la prueba crucial

---

1,5% del gasto anual por hogar mientras que ese porcentaje se duplicaba en el caso de las bebidas alcohólicas y el tabaco o casi llegaba al 10% en el gasto en hoteles, cafés y restaurantes. Y esas diferencias habían aumentado respecto al año anterior (cf. G. GONZÁLEZ, 2017).

es lo que la gente hace con sus cuerpos. Está claro que, entre aquellos que en los Estados Unidos se identifican como cristianos, hay muy pocos que estarían dispuestos a matar en nombre del Dios cristiano, mientras que la disposición, bajo ciertas circunstancias, a matar y a morir por la nación en la guerra se da generalmente por supuesta». De un modo más prosaico: cuando un padre o una madre dice que por su hijo o por su hija, «mata», quiere decir que está dispuesto a darlo todo por él o ella. Pero dejemos a un lado lo de «matar», y pensémoslo en otros términos: ¿por qué estoy yo dispuesto a luchar, a dejarme la piel, a entregar mi tiempo o mi esfuerzo, en mi vida? ¿Y en mi escuela o mi colegio? En el día a día, ¿por qué peleo y por qué no? ¿Qué hago realmente con mi cuerpo, con mi energía vital? Lo que nos distingue no es solo lo que nos ocupa, sino lo que nos *preocupa*; no tanto lo que hacemos, sino *cómo* y *por qué* lo hacemos.

El otro texto es del monje budista THICH NHAT HANH (2009, p. 23): «Si tienes que elegir entre el budismo y la paz», dice, «debes elegir la paz». ¿Qué es realmente entonces lo sagrado para Thich Nhat Hanh? ¿Y para mí? ¿A qué estoy yo dispuesto a renunciar y por qué? Donde esté tu tesoro, dice el Evangelio, allí está tu corazón (Mt 6, 21). Y al revés: allí donde ponemos nuestro corazón (es decir, todo nuestro esfuerzo, nuestra vida), de eso hacemos un tesoro. Tal como somos, así educamos; y tal como educamos, así somos.

Cuando en cualquier centro educativo se plantean esas cuestiones –u otras parecidas– y se responden sinceramente, las respuestas apuntan también

–inevitablemente– a asuntos muy diversos y aparentemente prosaicos como *el tiempo* y su distribución (la jornada de trabajo, la organización y distribución horaria, etc.), los *usos y convenciones* profesionales (la historia y la tradición, las formas de organización, etc.) y, por supuesto, el *reconocimiento personal* (expresado no solo en el sueldo, sino también en lo que podríamos llamar el salario emocional), entre otros posibles. Nótese que todas esas cuestiones, y otras parecidas, son *muy* importantes; ahora bien, ¿son el eje que debe articular la actividad y la organización escolar?

Todos tienen derecho a tener sus motivos, pero tenemos el deber de conocerlos... y de reconocerlos. Ya hemos dicho que las creencias y las convicciones no son estáticas, y además la realidad es un cuadro de grises, mucho más complejo y entreverado que una película de buenos y malos. Hay profesores excelentes que consiguen magníficos resultados con sus alumnos y son apreciados por ellos, y que a la vez buscan economizar al máximo el tiempo de dedicación o tienen enormes dificultades para trabajar en equipo; y voluntariosos maestros con vocación casi misionera que sin embargo no son capaces de sacar nada provechoso de sus alumnos. Con ser importante, la cuestión no es solo qué mueve al docente en concreto para actuar de un modo determinado, sino qué es lo que mueve finalmente la organización del centro educativo. Por poner un ejemplo: suele ser normal que, si a la hora de proponer una distribución de asignaturas, de organizar los exámenes o de articular las sesiones de evaluación se pregunta al equipo docente

–o se preguntara a las familias–, las propuestas recibidas sean aquellas en las que, más que buscar la mejor atención a los alumnos, lo que busquen sea la organización más cómoda para sus intereses personales o familiares. Como recuerda Gregorio LURI (2015, p. 234), hay que tener en cuenta que no solamente de escuela vive el maestro. El problema radica cuando esos criterios «extrapedagógicos» por así llamarlos, se convierten en el eje o la guía de la organización y la actividad escolar. De ahí la importancia del *liderazgo* de los equipos directivos en los centros escolares. Pero ¿qué ocurre si lo que mueve al equipo directivo es el *miedo al conflicto* que sus decisiones puedan suscitar entre los compañeros?

Algo parecido sucede, por ejemplo, cuando se intenta hacer pasar por innovación pedagógica lo que en realidad son objetivos personales o corporativos ya sea de los docentes o de las familias. En toda empresa (y un proyecto educativo lo es, sea público o privado), el objetivo de la organización es conseguir buenos resultados y para ello es necesario que exista un buen clima tanto organizativo como laboral. Para favorecer ese buen clima y esos resultados en ocasiones es necesario también «estimular» la actividad del individuo a través de un conjunto de condiciones y reconocimientos tanto materiales como simbólicos. Curiosamente, tales reconocimientos y estímulos consiguen su propósito... hasta un determinado momento en el que ya no cabe discutir su sentido y dejan de ser «estimulantes»[2].

---

2 En su *Capital profesional* (2012, pp. 36ss), A. HARGREAVES y M. FULLAN señalan el error de considerar que el factor

Entiéndaseme: no digo que esa lógica sea perversa y que deban eliminarse los derechos laborales o que no debamos tratar de favorecer las condiciones de trabajo en los centros escolares. ¡Todo lo contrario! La cuestión es que estemos atentos a las posibles consecuencias de esas mejoras, dada la lógica en que nos movemos. Al fin y al cabo, ¿no ocurre lo mismo en la propia dinámica educativa, en la que los alumnos que lo tienen todo se desmotivan?

Quizás otro ejemplo pueda servir para pensar lo que estoy exponiendo. Ya sabemos que la necesidad más universal en nuestro mundo desarrollado es el reconocimiento. También en el ámbito educativo o, quién sabe, quizás más en el ámbito educativo que en otros ámbitos. Tal vez porque la escuela se ha visto inmersa en los últimos decenios en una fuerte crisis de sentido y de autoridad, el maestro es seguramente una de las profesiones más necesitadas de reconocimiento... y de cariño, podríamos decir. Un reconocimiento que en ocasiones es difícil encontrar en un espacio de relaciones regido por la lógica «clientelar» del consumo. La pregunta que debemos hacernos los docentes es: ¿hasta

---

determinante del aprendizaje es únicamente la calidad del maestro individual. Ese enfoque pone todo su esfuerzo en recompensar al individuo, olvidando el entorno de la escuela. Por supuesto que el maestro es la clave, dicen los autores, pero «(...) la variable que determina el éxito en cualquier innovación es el grado de capital social en la cultura de la escuela. Aprender es el trabajo, y el capital social es el combustible. Si el capital social es débil, todo lo demás está destinado al fracaso».

qué punto no estamos nosotros, también, alimentando esa lógica de relaciones? Como ha dicho algún especialista (A. BOLÍVAR, 2010, p. 43), «los propósitos y metas del cambio no pueden venir dados desde fuera, deben generarse desde dentro; es preciso –además– revitalizar la pasión por la enseñanza. Después de años empeñados en convertir a los enseñantes en "trabajadores", nos hemos dado cuenta de que sin amor y vocación por el oficio nunca podremos tener buenos maestros»[3].

¿El alumno en el centro?

¿Qué es lo más importante en un centro educativo? Se supone que lo más importante en una escuela es el alumno, que para un educador lo sagrado es –o debería

---

[3] Quizás un ejemplo fácil, inmediato y llamativo para reflexionar sobre lo que nos mueve, personal y colectivamente, y lo que *debería* movernos, en el ámbito educativo, es el debate sobre la jornada lectiva. Puede que se trate de un debate que ya está resuelto y que quienes quieran –queramos– plantearlo de otro modo tengan la batalla perdida. Pero cuando se discute sobre si la jornada debe ser continua o partida, o el calendario escolar debe ser de una u otra forma, ¿qué es lo que nos mueve? ¿La innovación docente y la mejor atención educativa? ¿O la mejor jornada laboral (en el caso de los profesores)? ¿O la mejor forma de conciliación familiar (en el caso de éstos y de las familias)? Por supuesto que tanto una cosa como otra –la organización de la jornada laboral y la conciliación familiar– son objetivos muy importantes y hay que buscar fórmulas para responderlo y atenderlos adecuadamente; pero ¿es eso lo más importante en un centro educativo?

ser– el aula, ¿no? Normalmente es así, con todas las contradicciones y los límites que para cualquiera tienen las cosas importantes o incluso sagradas. A los educadores a menudo nos pasa con los alumnos lo que al resto de los seres humanos con las demás personas: que amamos a la humanidad en general, pero no soportamos a nuestro vecino en particular. Para nosotros también lo más importante es el alumno, en abstracto o en general, aunque a veces luego no soportemos a nuestros alumnos concretos, en particular.

Esta idea –la de que el alumno es lo sagrado– tiene también otras traducciones, que dicen que hay que poner al alumno en el centro del proceso de enseñanza-aprendizaje, y también pueden ser objeto de críticas. Por un lado, porque ese «poner al alumno en el centro» responde en ocasiones a una filosofía del «Alumno-Rey», como la han llamado algunos, que acaba haciendo de este un cliente pasivo en el proceso de enseñanza-aprendizaje, al que hay que entretener y alimentar en todos los sentidos[4]. En ese caso, «el maestro pasa a ser básicamente un dinamizador del interés del niño, mientras las materias tradicionales se transforman en meros instrumentos de desarrollo personal. "Enseñar" deja de ser un verbo transitivo, porque lo que realmente importa ya no es que se ha de saber, sino fomentar la sacrosanta trinidad de la creatividad, la autonomía y el pensamiento crítico del alumno. Y si el aprendizaje

---

[4] Como dice G. LURI (2015, p. 47): «La escuela se sitúa contra el mundo cuando confunde al alumno con un cliente, y al conocimiento con el entretenimiento».

es deficiente, la sospecha recae inmediatamente en la competencia motivadora del maestro» (G. Luri, 2015, p. 97).

Pero «poner en el centro» a la persona del alumno no quiere necesariamente decir que haya que convertir a este en un cliente pasivo o que el maestro deba ser un mero dinamizador o motivador al servicio del «Alumno-Rey». Que el alumno esté en el centro no implica que no haya que exigirle esfuerzo, trabajo o disciplina; ni que haya que restar autoridad o importancia al profesor. Todo lo contrario. Lo que eso supone es que hay que reconsiderar cuál es el objetivo y el fundamento de la organización escolar. En ese sentido, como dice la madre Montserrat del Pozo, conocida en los ambientes educativos como «sor Innovación», «la mayor innovación es amar al alumno». Aunque la frase seguramente exigiría una mayor concreción...

Cuando se pregunta a padres y educadores qué es lo más importante en la formación de los alumnos, una de las respuestas típicas es esta: «Lo importante es que sean felices». Es una afirmación generalmente alegre y apresurada que en la mayoría de las ocasiones no dice nada y en otras dice mucho más de lo que pensamos. ¿Qué significa eso realmente? Evidentemente todos queremos que nuestros hijos/alumnos disfruten en la vida –como queremos hacerlo también nosotros mismos–, pero ¿en qué consiste realmente ese disfrute? ¿Y qué implica eso de cara a la educación? Si ser felices equivale a que debemos evitarles todo sufrimiento, ¿quiere eso decir que la escuela debe evitar la frustración de los alumnos? ¿No deberíamos educarles también para el fracaso, en lugar de animarles a esquivarlo, ocultarlo o negarlo? Uno de los espejismos del desarrollo tecno-científico propio de nuestras sociedades desarrolladas es la ilusión de una vida humana libre de toda clase de límites: la ilusión del amor sin dolor. ¿Pero es realmente eso posible? Por supuesto que la escuela debe evitar el sufrimiento innecesario, pero uno de los grandes retos de la educación –en la escuela y en la familia–, radica en aprender a reconocer, gestionar y superar el sufrimiento inevitable que deriva de nuestra vulnerabilidad, tanto física como intelectual y espiritual.

Cuando después de esa respuesta («lo importante es que sean felices») se pide además que se concrete en que consiste esa «felicidad», a veces los padres de los alumnos responden: «que no les falte de nada». ¿Y si les sobra? ¿Les ayudará eso a descubrir y distinguir qué es lo importante? La sencillez también es ausencia de lo innecesario.

En 2016, en una entrevista del diario *La Vanguardia*, la escritora e historiadora Benedetta CRAVERI comparaba críticamente la educación recibida y la proporcionada a sus hijas precisamente en esos términos[5]: «Mis padres querían darnos una lección ética, nosotros les hemos querido dar la felicidad. Sin saber que no hay garantía para eso». Esa oposición entre la ética y la felicidad como objetivos de la educación, tan

---

[5] *La Vanguardia*, 3 de diciembre de 1976. Disponible en http://bit.ly/2jf1cD7

extendida en nuestros días, revela precisamente una determinada idea de la ética y de la felicidad. Porque ciertamente la meta de la vida moral es la felicidad (o la «auto-realización», si se quiere, utilizando un término también muy en boga y que también puede llevar a confusión), pero la cuestión es qué se entiende por tal felicidad, si es simplemente un estado de bienestar que maximiza el placer respecto al dolor (al estilo del utilitarismo) o tiene que ver también con la virtud y el deber. En clave aristotélica, como dice el filósofo Michael SANDEL (2011, p. 223), «la persona virtuosa es alguien que disfruta y sufre con las cosas debidas. Si alguien disfruta viendo una pelea de perros, por ejemplo, consideraremos que se trata de un vicio que debe superar, no de una verdadera fuente de felicidad. La excelencia moral no consiste en sumar placeres y penas, sino en disponer esos afectos de modo que nos deleitemos con cosas nobles y suframos con las despreciables. La felicidad no es un estado de la mente, sino una forma de ser», una actividad del alma que se adapta o concuerda con la virtud. En palabras de Aristóteles: «La virtud moral, en efecto, tiene que ver con los placeres y dolores, porque por causa del placer hacemos lo malo y por causa del dolor nos apartamos del bien. De ahí la necesidad de haber sido educado de cierto modo ya desde jóvenes, como dice Platón, para poder complacerse y dolerse como es debido; en esto consiste, en efecto, la buena educación» (ARISTÓTELES, 1970, § 1104b).

En esa línea, la idea de la felicidad de la espiritualidad y la pedagogía ignaciana consiste en disfrutar encontrando y respondiendo a la propia vocación. Y de ahí que todo el proceso de aprendizaje está dirigido a ese fin y a lo que le da sentido. Por eso los *Ejercicios* comienzan proponiendo al ejercitante que se plantee qué es lo realmente importante, lo esencial de ese proceso: su *Principio y Fundamento*, que es a la vez el origen o punto de partida del mismo, y su objetivo o resultado final (EE § 23):

> «El hombre es criado para alabar, hacer reverencia y servir a Dios nuestro Señor, y mediante esto salvar su ánima; y las otras cosas sobre la haz de la tierra son criadas para el hombre, y para que le ayuden en la prosecución del fin para que es criado. De donde se sigue, que el hombre tanto ha de usar dellas, quanto le ayudan para su fin, y tanto debe quitarse dellas, quanto para ello le impiden. Por lo cual es menester hacernos indiferentes a todas las cosas criadas, en todo lo que es concedido a la libertad de nuestro libre albedrío, y no le está prohibido; en tal manera que no queramos de nuestra parte más salud que enfermedad, riqueza que pobreza, honor que deshonor, vida larga que corta, y por consiguiente en todo lo demás; solamente deseando y eligiendo lo que más nos conduce para el fin que somos criados».

La educación como tarea contracultural

Curiosamente, la idea del «alumno en el centro» suele ser aprovechada en ocasiones por las familias para ponerse ellas en el centro del proceso de enseñanza-aprendizaje. Pero es el alumno, y no su familia, el que constituye el objeto central de la educación. Evidentemente, para que la educación sea exitosa es preciso que haya una buena colaboración entre familia y escuela. Pero muy a menudo esa relación se hace difícil y no hay una cohesión entre ambas precisamente porque no hay una coherencia de objetivos. En ocasiones, lo que las familias buscan en las escuelas no es aquello por lo que éstas quieren ser reconocidas. En Twitter, en 2016, un divertido comentario ironizaba definiendo a los jesuitas como «una orden de sacerdotes conocida por su habilidad para fundar colegios con buenos equipos de baloncesto». ¡Y de fútbol! –añadirían algunos inmediatamente–. Pero lo cierto es que, más allá de la broma, la existencia de equipos deportivos es una de las principales razones o motivos *reales* de las familias a la hora de elegir colegio (no la primera), junto a la disciplina y, en ocasiones, las instalaciones y los servicios. ¿Y la metodología docente? ¿Y el proyecto educativo? ¿Y la actividad pastoral? –se preguntan los responsables de la escuela– ¿No es todo eso lo realmente importante? ¿Lo es? ¿Qué es lo importante? ¿Para qué existe un colegio jesuita? ¿Y qué buscan –o buscamos– las familias, al elegir un colegio jesuita?

En ocasiones, puede ser que lo que «busquen» las familias en la escuela –incluso las familias más jesuíticas o afines, o precisamente éstas– y lo que la escuela «quiera» proporcionarles, no coincida. A veces, las familias ponemos el acento en el éxito académico en forma de calificaciones, premios o reconocimientos sociales, y el colegio en cambio lo que quiere es proporcionar y favorecer conocimientos y habilidades...

¿Lo que a menudo «buscan» las familias en un colegio jesuita es...?	¿Lo que el colegio quiere que «encuentren» los estudiantes en un colegio jesuita es...?
• Éxito académico	• Conocimientos y habilidades
• Corrección y disciplina	• Convivencia y habilidades sociales
• Relaciones y capital social	• Solidaridad
• Formación religiosa y sacramental	• Experiencias de encuentro y apertura al misterio
• «Esprit de corps»	• Comunidad y «esprit de finesse»

Se nos dirá –y con razón– que las referencias que aparecen en las dos columnas no son cosas necesariamente contrapuestas. Por supuesto que no. Es más, ¡no deberían serlo! Pero el problema es que en ocasiones lo son. Por ejemplo: las familias en ocasiones tienden a «delegar», por así decirlo, la formación del carácter –el desarrollo de las virtudes privadas y públicas– en la escuela, pero lo cierto es que el ámbito real de esa formación está *fuera* de la escuela: en la familia, en la calle, hoy día en las redes sociales... Pero incluso en la propia escuela, un entorno muy «disciplinado» –por no decir «disciplinario»– en el que el único objetivo es el cumplimiento de determinadas normas, puede ser un entorno de convivencia poco sana o con déficit de habilidades sociales (en el que los conflictos simplemente se ocultan o se tapan, pero no se resuelven). Cuando eso ocurre, cuando esas columnas entran en conflicto, la educación, más que una actividad cultural, se convierte en un proyecto *contra-cultural*.

Por eso, el reto es buscar la «fusión» o la complementariedad entre lo que unos esperan y lo que otros pueden y quieren ofrecer. No se trata simplemente de consensuar o negociar los intereses de cada uno (ya decía Mounier aquello de que el justo medio corre el riesgo de convertirse en la mitad de lo justo), sino de buscar juntos *qué es lo importante*. No es tarea fácil, y no son pocas las *tentaciones* o *riesgos* para los educadores. Cuando menos, esas tentaciones o riesgos podrían agruparse en tres. De un lado el *pragmatismo* que tiende a confundir los fines –conocimientos, habilidades, formación– con los medios o las «apariencias» –disciplina, premios, reconocimiento–. De otro lado el *utopismo* que lleva a renunciar a los medios que nos permiten expresar y concretar los objetivos como si, por ejemplo, pudiera haber convivencia sin algún tipo de «normas» o disciplina. O, finalmente, la *frustración* por no conseguir el equilibrio.

En cualquier caso, ello nos obliga necesariamente a plantearnos una y otra vez para qué existen las escuelas, los colegios; o por qué y para qué escogemos las familias uno u otro colegio, o una u otra escuela. La educación jesuita, como dice el texto de las *Características de la educación de la Compañía de Jesús*, aspira a «la formación total de cada persona dentro de la comunidad», es decir, el desarrollo y formación «integral» de la persona (ICAJE, 1986, n. 25). Si se habla de una formación «integral» de la persona es porque se piensa que el ser humano no puede reducirse a una única dimensión (cognoscitiva, afectiva, ética, espiritual…), y porque si el pleno desarrollo del individuo exige trabajarlas, la tarea educativa debe ser lo suficientemente ambiciosa como para intentar cultivar todas esas dimensiones. Por eso la educación no se reduce a la mera instrucción. Y, como desarrollaremos más adelante, educar implica la paciencia y la confianza necesarias para abordar una tarea profunda, lenta e interminable.

Una formación integral es además una invitación y una preparación para la vida, pero no en un sentido meramente instrumental o adaptativo, reproductor del orden existente, sino orientado a la transformación personal y colectiva, a la búsqueda. Como dice, parafraseando los *Ejercicios Espirituales* de san Ignacio, alguno de los principios de la pedagogía ignaciana, aprender es «toda forma de preparar y disponer la persona para vencer todos los obstáculos que impiden la libertad y el crecimiento» (ICAJE, 1993, n. 100).

En agosto de 1973, en la clausura de un congreso de antiguos alumnos de colegios de jesuitas celebrado en Valencia, Pedro ARRUPE, SJ afirmó que «nuestra meta y objetivo educativo es formar hombres que no vivan para sí, sino para Dios…; hombres [y mujeres] para los demás, es decir, que no conciban el amor a Dios sin el amor al hombre; un amor eficaz que tiene como primer postulado la justicia y que es la garantía de que nuestro amor a Dios no es una farsa, o incluso un ropaje farisaico que oculte nuestro egoísmo»[6]. Veinte años después, en 1993, el P. Peter Hans Kolvenbach, SJ reformuló y amplió el objetivo de la educación en los colegios de la Compañía de Jesús: la «persona completa», decía Kolvenbach, el ideal de la educación jesuítica, «es una persona competente, consciente, capaz de compasión y educada en la solidaridad» (KOLVENBACH, 1993; MARGENAT, 2010). Y más recientemente, Adolfo NICOLÁS, SJ (2013) señalaba que esos cuatro calificativos expresan la excelencia humana a la que aspiran los Colegios de la Compañía de Jesús:

«**Conscientes**, personas que además de conocerse a sí mismas, gracias al desarrollo de su capacidad de interiorización y su cultivo de la espiritualidad, tienen un consistente conocimiento y experiencia de la sociedad y sus desequilibrios.

Competentes, profesionalmente hablando, con una formación académica que les permita conocer con rigor los avances de la ciencia y la tecnología; capaces de crear, entender y utilizar el conocimiento y las habilidades para vivir en el mundo y transformarlo.

---

[6] Sin embargo, como dice otro jesuita y educador latinoamericano, la frase de Arrupe podía ser malinterpretada, «asociándola con personas líderes, ciertamente entregadas y aun sacrificadas, pero héroes solitarios, incapaces de hacer equipo, de tener sentido de cuerpo. El mundo contemporáneo no se concibe como un archipiélago, sino globalmente, en sinergias, en alianzas estratégicas». Por eso, formar hombres y mujeres para los demás implica también hacerlo «con los demás» (J. L. RINCÓN, 2003).

Compasivos, es decir, capaces de abrir su corazón para ser solidarios y asumir sobre sí el sufrimiento que otros viven.

Y **comprometidos**, empeñados honestamente y desde la fe, y con medios pacíficos, en la transformación social y política de la realidad social, para alcanzar la justicia; dispuestos, por lo tanto, no solo a hacerse cargo de la realidad, sino a encargarse e incluso a cargar con ella».

¿Para qué existe entonces un colegio jesuita? Así lo resumía el P. Adolfo NICOLÁS SJ (2009, pp. 851-852):

«Si soñamos con un sistema educativo que enseña a la gente a decidir desde el interior, desde lo profundo de sus corazones, y servir generosamente no solo a una tribu, sino a una porción de la humanidad tan grande como se pueda, esto es debido a que estos eran los objetivos de Jesús, y la única razón por la que existen los colegios jesuitas, es para servir a la humanidad de acuerdo con la visión y el espíritu del Evangelio.

Permitidme que lo exprese de otra manera. Hace poco, durante una intensa reunión de trabajo de mi Consejo General y yo, uno de los consejeros advirtió que estábamos usando, una y otra vez, los mismos verbos: *"pianificare, coordinare, organizzare"*: planificar, coordinar, organizar. Estos son verbos organizativos, muy importantes y necesarios para seguir adelante. Pero, aquella tarde, cuando celebramos la Eucaristía, el Evangelio del día nos mostraba a Jesús enviando a sus discípulos, y los verbos que él usaba eran muy diferentes: predicar el evangelio a los pobres, curar a los enfermos, limpiar leprosos, expulsar demonios, resucitar muertos. Todos éstos eran verbos de vida, verbos dadores de vida, lo cual prueba que la misión de Dios en Jesús, el asunto que le ocupa, es hacer que la vida fluya más abundantemente a la humanidad en todo lugar donde esté en falta o se vea impedida. Y el verdadero secreto de la misión está, no en desprenderse de los verbos organizativos, o de los verbos del Evangelio, sino en conseguir que de alguna manera hagamos que las actividades organizativas que tenemos que realizar sean expresiones de las acciones dadoras de vida del Evangelio. ¡Sí, planificamos, coordinamos, organizamos, pero todo ello solo a fin de que podamos predicar la buena noticia a los pobres, curar a los enfermos, liberar a los esclavizados, resucitar a los muertos!

Creo que sucede lo mismo respecto a la educación jesuita. Usamos muchos verbos en el curso de nuestras vidas en los colegios: preparamos esquemas de lecciones, practicamos el servicio de las clases, asistimos a las reuniones de departamentos, escribimos ensayos, evaluamos y ponemos notas a nuestros estudiantes. Pero al reflexionar en profundidad y universalidad, nos estamos recordando a nosotros mismos que todas estas acciones solo las realizamos a fin de poder ser de alguna manera instrumentos para compartir, aumentar y enriquecer la vida según los planes de Dios».

Mirar de nuevo e ir a lo importante

La sencillez implica reconocer y distinguir que hay cosas que son importantes o fundamentales y cosas que no lo son tanto. No todo vale. Ahora bien, reconocer lo esencial, o lo importante, no quiere decir que debamos despreciar todo lo demás, no significa que tengamos que abandonar o prescindir de todo aquello que no es tan importante. En realidad, la sencillez nos ayuda a darle a las cosas el valor y el puesto real que merecen en nuestro pequeño universo personal. La sencillez consiste en saber distinguir el fin de los medios, las cosas importantes de lo demás, de las otras cosas. Porque «las otras cosas son criadas para el hombre, y para que le ayuden en la prosecución del fin para que es criado. De donde se sigue, que el hombre tanto ha de usar dellas, quanto le ayudan para su fin, y tanto debe quitarse dellas, quanto para ello le impiden» (EE, 23).

«Reordenar nuestro universo personal», decíamos: he ahí una tarea para toda una vida. Ir a lo importante exige a veces prescindir de lo superficial cuando estorba o distrae de lo esencial, cuando se convierte en un obstáculo. Entonces la sencillez exige también sobriedad. No basta con distinguir qué es lo principal; hay que apostar por ello. Además, hay muchas cosas, proyectos, tareas… que son importantes y a veces tenemos que elegir entre ellas porque no todo es posible. Y nos obliga a discernir y tomar decisiones que a veces pueden ser conflictivas y difíciles. Vivimos en un mundo que nos promete que todo es posible, que no debemos renunciar a nada, que podemos tenerlo y disfrutarlo todo. Pero, de hecho, el sentido moral de la educación radica, sobre todo, en enseñar a elegir[7].

---

[7] En ocasiones, en los ámbitos educativos se producen conflictos cuando se nos plantean esas elecciones. Por

Además, necesitamos concretar, poner en común y saber que compartimos lo importante –o algo de ello– porque la confianza, como luego veremos, se basa en eso. Para que confiemos unos en otros necesitamos intuir que compartimos un sustrato básico de metas y valores, que tenemos en común unas «creencias» básicas que a la vez la propia educación contribuye a alimentar.

No cabe duda de que el buen aprendizaje –o aquel que nosotros consideramos como tal– es el que nos ayuda a ir distinguiendo lo importante de lo demás (incluso renunciando a aquello que hasta un determinado momento considerábamos absolutamente esencial e innegociable). Pero para facilitar dicho aprendizaje en el ámbito educativo también es necesaria una mínima disposición o apertura por parte de todos los implicados para hacernos esas preguntas. Distinguir

---

ejemplo, cuando un viaje familiar o una actividad deportiva coincide con una prueba académica; o cuando se organizan distintas actividades simultáneamente. En la cultura actual se ha extendido la idea de que *debe* favorecerse siempre la posibilidad de que el alumno no se vea forzado a elegir. ¿Es eso realmente educativo? Un caso límite, y muy divertido, de este tipo de controversias, se produjo en Estados Unidos en el verano de 2017. Con motivo del eclipse de sol que iba a tener lugar el 21 de agosto, el Museo Perot de Dallas invitó a través de las redes sociales a todo el mundo a un evento especial en el propio Museo para contemplar el eclipse en el Museo. Con la facilidad que da la comunicación a través de las redes, una madre sugirió que, dado que ese día los niños tenían colegio, el evento –¡es decir, el propio eclipse!– se trasladara al fin de semana (puede verse la noticia en: http://bit.ly/2yUXEsJ).

lo importante exige restregarnos los ojos para mirar de nuevo la realidad, porque a veces está oculto, velado, incluso en la superficie de las cosas. Hugo von Hofmannstahl decía que lo profundo se esconde precisamente en la superficie (1991, p. 123)[8]. Buscamos lo importante en lo extraordinario cuando en realidad lo que nos salva es la cotidianidad: es allí donde reside el contraste y donde se esconde el misterio (J. Mª ESQUIROL, 2015, pp. 55ss). Y es allí donde se produce el asombro: la sorpresa que le acompaña no surge de lo excepcional o lo extraordinario, sino que, la mayoría de las veces, la fuente de la admiración surge de lo familiar, de lo común: «lo que sorprende no es algo *determinado*, sino *cualquier* cosa que aparezca de determinada manera (…). *El asombro es una experiencia excepcional, pero no de lo excepcional*» (S. PETROSINO, 2001, p. 71).

Pensemos, a modo de ejemplo, en una imagen que a muchos les resultará conocida, incluso familiar: en la mañana del día de Reyes Magos, el niño pequeño descubre excitado un montón de regalos. Quizás coge el más grande y llamativo y empieza a abrirlo con ayuda de sus padres; es un juguete fantástico –el regalo soñado– pero el niño, ante la sorpresa divertida de los demás, se pone

---

[8] En otro de sus aforismos dice VON HOFMANNSTAHL: «Es de suma importancia el configurar en los niños un sentido peculiar: el de percatarse que lo divino se revela inmediatamente en nuestra proximidad. Pero muchas cosas que hacemos y que omitimos tienden a matar ese sentido a través del endurecimiento» (p. 89).

a jugar con el envoltorio: hace una pelota con el papel de regalo y abandona el juguete que este envolvía, se enrosca en las cintas de colores que decoraban el paquete y manipula y agita los restos del envoltorio. ¿Quién mira el mundo con sencillez? ¿Quizás el pequeño aún no distingue lo que es importante y se ha quedado en lo superficial (el envoltorio)? ¿O quizás nosotros no vemos, como él, lo realmente importante en ese momento, la profundidad que late en la superficie de las cosas? Lo importante no era el juguete; es el juego.

Cuestiones para la reflexión:

- ¿Qué es importante y qué es sagrado para mí? ¿Y en mi colegio, qué es importante y qué es sagrado en mi organización?
- ¿Qué cosas nos estorban o nos distraen de lo verdaderamente importante?
- ¿Qué implica «enseñar –y aprender– a elegir»?

Dejarse enseñar
(Confianza)

Dejarse enseñar

Suele decirse que para poder aprender bien hay que dejarse enseñar. Cuando creemos que ya lo sabemos todo, o que el otro no puede ni tiene nada que enseñarnos; cuando nuestra actitud es la de quien está de vuelta (a veces, incluso, sin haber realmente caminado mucho trecho), es difícil que el aprendizaje pueda tener éxito. O por lo menos se hace más arduo, más complicado. Hay momentos de la vida en los que esos obstáculos están más presentes. La adolescencia, por ejemplo, tiende a ser uno de ellos. Ya sabemos que la dificultad de la educación con adolescentes no tiene muchas veces que ver con sus capacidades sino con su actitud o su disposición, derivada de su necesidad de ruptura y autoafirmación. En suma, cuando uno no quiere aprender algo –o cuando no quiere aprender de alguien– es difícil enseñarle.

Como ya hemos dicho, los *Ejercicios Espirituales* de san Ignacio son en realidad un proceso profundo y radical de aprendizaje y transformación. Consciente de las dificultades que conlleva ese proceso y de las condiciones que lo hacen posible, Ignacio de Loyola recomienda a quien vaya a hacer o recibir los ejercicios espirituales que «*mucho aprovecha entrar en ellos con grande ánimo y liberalidad*» (EE, 5), es decir, generosa y desinteresadamente, sin condiciones previas. Y ello implica hacerlo también *confiadamente*. ¿Qué quiere decir eso? Muy resumidamente: que es necesario dejarse enseñar, o dejarse acompañar. Que sin una dosis mínima de apertura y de confianza en las posibilidades del otro (y en el caso de los ejercicios: del Otro), en las propias capacidades y en el proceso que se va a seguir, el aprendizaje, o la educación, no es posible. Y esa condición no afecta únicamente a los alumnos, sino a todos los sujetos que intervienen o toman parte en el proceso educativo: alumnos, profesores, familias... Cuando decimos que la confianza consiste básicamente en «dejarse enseñar y acompañar», esa afirmación nos afecta a todos: el maestro hace y enseña al alumno, y el alumno educa también al maestro, que se hace maestro a través de sus alumnos (F. TORRALBA, 2015, pp. 19 y 53). De ahí que todos a final de curso deberíamos preguntarnos: ¿qué hemos aprendido?

En realidad, la confianza no es solo una de las «condiciones de felicidad» de la educación y el aprendizaje, sino de todos los procesos sociales. No hace falta ser un sociólogo funcionalista para reconocer y aceptar el hecho de que la confianza permite o hace posible el funcionamiento de las cosas, o que si las cosas funcionan es porque existe una confianza básica en la dinámica de la realidad: confianza en los demás, en las relaciones, en la tecnología y los procedimientos... Por ejemplo: sabemos que los médicos a veces cometen errores, pero si el sistema sanitario funciona es porque confiamos tanto en las decisiones de los profesionales de la medicina como en el sistema mismo; somos conscientes de la falibilidad de los proyectos y diagnósticos humanos, pero si vivimos en grandes o pequeños edificios, si viajamos en máquinas a gran velocidad, si consumimos alimentos que otros nos proporcionan, o intercambiamos bienes y servicios, es porque de un modo u otro hemos depositado nuestra confianza en otros. En realidad, la confianza facilita nuestras decisiones al reducir la complejidad de un mundo que, sin ella, se vuelve inabarcable.

En la educación ocurre lo mismo: para que esta funcione adecuadamente es preciso que confiemos. En buena medida, la crisis crónica de nuestro sistema educativo es en realidad una crisis de confianza. No solo de confianza en la autoridad del maestro sino, como dice G. Luri, en la autoridad misma de la cultura que la escuela transmite: «El origen de la pérdida de autoridad del maestro se encuentra en la pérdida de autoridad de los contenidos que transmite. Pero tampoco aquí hemos tocado fondo. En el origen de esta pérdida se encuentra una sociedad confusa que ha perdido confianza en ella misma y que, por lo tanto, no entiende la importancia de la transmisión cultural, ni acaba de entender que se juega su futuro en la escuela» (G. Luri, 2015, p. 227). Ciertamente, decimos que la educación es lo más importante y que la escuela constituye uno de los pilares básicos de la sociedad, pero ¿actuamos en consecuencia? ¿Confiamos en ella? ¿Y qué conlleva esa confianza?

La confianza

¿Qué es la confianza? ¿Qué implica para cada uno de nosotros (educadores, familias, alumnos, gestores...)? El diccionario define la confianza como la «esperanza firme que se tiene de alguien o algo». ¿Qué esperanza tenemos en la educación, en el colegio, en los educadores, en los alumnos? Teóricamente podemos decir que la confianza se caracteriza por lo siguiente (C. Pereda, 2009):

- En primer lugar, la confianza es una disposición pre-reflexiva, una intuición podríamos decir, culturalmente educada, que nos empuja o nos anima a actuar de determinada manera en nuestras relaciones sociales. No somos confiados o desconfiados por naturaleza, ni porque en cada momento hagamos un sesudo análisis racional de pros y contras. Confiamos o desconfiamos porque hemos aprendido a confiar o desconfiar a partir de la experiencia, del ejemplo y de la práctica.

- En segundo lugar, la confianza es una presunción, que implica «dar por ciertas» unas circunstancias o un hecho: aunque no tengamos la garantía o la seguridad total, presumimos o aceptamos que el otro va a responder de una determinada manera, o que las cosas van a funcionar en determinado sentido[1]. Nos fiamos del otro. *Con-fiar* supone fiarse juntos.

- Además, confiar en otros implica compartir unas mismas creencias o valores, un sustrato básico común (aunque sea el de una misma humanidad) por encima de las diferencias existentes. Esa base de valores compartidos nos remite a aquello que es «lo importante» (o lo sagrado) y que nadie puede cuestionar: sea el respeto a la palabra dada, el valor de la verdad por encima de la mentira, etc.

Francesc Torralba dice además que depositar nuestra confianza en otro implica admitir que no tenemos el control de todo y que dependemos de él de alguna manera (TORRALBA, 2012, p. 34). En ese sentido, la confianza conlleva reconocer nuestra (inter)dependencia y vulnerabilidad. Por nuestra propia corporalidad, somos seres frágiles y vulnerables (literalmente: expuestos a la herida) y por lo mismo necesitados de atención y cuidado. Somos animales dependientes no solo de otros seres humanos y grupos humanos sino, como dice Jorge Riechmann, de miríadas de otros seres vivos cuyo reconocimiento da sentido a nuestra existencia. Y somos animales radical y constitutivamente incompletos (el «animal no fijado todavía» decía Nietzsche), que no estamos «hechos» sino «por

---

[1] La confianza, dice F. TORRALBA (2015, p. 108), la fe en las propias capacidades y en las del otro, es el motor de la práctica educativa. Y es fe porque no hay garantía de éxito.

hacer»: podríamos decir que somos culturales por naturaleza[2].

Sin embargo, tendemos a cultivar la ilusión de la posibilidad de una independencia absoluta y a pensar –equivocadamente– que nuestra autonomía moral se fundamenta o se realiza en esa total independencia. Es lo que algunos han llamado «la fantasía de la individualidad»: la falsa convicción (que en buena medida sostiene el orden social y la ciencia clásica) «de que el individuo puede concebirse al margen de la comunidad, y que la razón puede existir al margen de la emoción: que cuanto más individualizada está una persona, menos necesita vincularse con una comunidad para sentirse segura, y que cuanto más utiliza la razón para relacionarse con el mundo, menos utiliza la emoción» (A. HERNANDO, 2012, p. 25)[3]. Esa construcción social va pareja con un «proceso de individualización» que nos empuja a considerarnos como seres aislados, independientes, completos, para los que la projimidad se convierte en molestia y amenaza. Y uno de los efectos

---

[2] Sobre la «naturaleza cultural» y la constitutiva *incompletud* del ser humano, y sus implicaciones éticas, cf. por ejemplo N. ELÍAS (1990), J. MASIÁ (1997), J. RIECHMANN (2016) o T. TODOROV (1995).

[3] «Si el ser humano se percibiese realmente de manera aislada», añade A. HERNANDO (2012, p. 35), «se le haría evidente su impotencia frente al mundo, y no podría sobrevivir. La individualidad pretende que cada uno de nosotros, aislados, tenemos una seguridad y un poder que no tenemos, lo que quedaría en evidencia si en realidad tuviéramos que enfrentarnos individualizadamente al universo en que vivimos».

de ese proceso es lo que los sociólogos llaman la «adia-forización» o insensibilidad moral: la incapacidad para ponerse en el lugar del otro y, por lo mismo, para confiar en él[4]. Si erróneamente partimos de nuestra absoluta autonomía e invulnerabilidad; si pensamos que ya lo sabemos todo o que el otro nada puede enseñar o nada es capaz de aprender, ¿qué vamos realmente a aprender o a enseñar? Ese es uno de los grandes problemas del sistema educativo: la falta de confianza, el descrédito. «De un modelo educativo donde primaba una plena y total confianza en el saber hacer y autoridad del maestro, hemos pasado a otro en el que el educador es blanco sistemático de la suspicacia de padres, directivos, políticos e incluso discipulos» (F. TORRALBA, 2012, p. 75).

Y, sin embargo, sabemos que uno de los grandes secretos del éxito de los modelos educativos radica en la confianza y en la responsabilidad: «el gobierno confía en el director del colegio; este confía en los profesores; los profesores confían en los alumnos; los padres confían en el colegio… y todos funcionan con responsabilidad para asegurar los mejores resultados». Seguramente la dinámica no es tan sencilla como parece, pero si queremos que la cosa funcione no hay más remedio que intentarlo. La confianza nutre la responsabilidad y la responsabilidad sostiene la confianza; como quienes se alimentan recíprocamente con enormes palillos de kilómetros de longitud en el cuento que recoge Joan CHITTISTER (2011, p. 23):

---

4 Z. BAUMAN y L. DONSKIS (2015, pp. 24ss).

«En Vietnam hay una popular y tradicional imagen de la diferencia entre el cielo y el infierno. En el infierno, la gente dispone de palillos de un kilómetro de largo, de manera que no pueden llevárselos a la boca. En el cielo, los palillos son igual de largos, pero las personas se alimentan unas a otras».

Habrá quienes argumenten que semejante modelo no es posible entre nosotros, que somos mediterráneos, del Sur, y estamos más acostumbrados al regateo o a la trampa, al escaqueo o al engaño; o que la confianza es imposible si no empiezan los demás, porque el colegio es «los otros» (es decir, no yo); o que para mí (o nosotros) ya es tarde, porque si te cuento mi historial de agravios vas a flipar... En fin, que lo que a nosotros nos define es más bien el aforismo del poeta Vicente Núñez, cuando escribía que «enseñar es enseñar a mentir». ¿Realmente es así? Creo que no. Es más, estoy seguro de que, si una generación de maestros crece en la profundidad y la creatividad controlada y comunicada, en la experiencia y la práctica reflexiva, en la búsqueda y, sobre todo, en la reflexión compartida y generosa, un colegio cambia profundamente.

Un concepto tenso

En uno de los pasillos de mi colegio había un tablón de anuncios en el que, entre otras muchas cosas, colgaba indolente y divertido un cartel con una de esas frases lapidarias que sirven a la vez para marcar distancia y señalar una dirección, para provocar la reflexión y para confundirla: «*los niños necesitan más abrazos y menos expectativas*». Como toda frase lapidaria, tan abundantes en la sociedad de los 140 caracteres como máximo, la sentencia recoge a la vez una verdad y un reduccionismo. Por supuesto que los niños necesitan sobre todo abrazos, es decir afecto, reconocimiento, apoyo, acompañamiento... Pero los abrazos no tienen por qué ser enemigos de las expectativas, y éstas no necesariamente tienen que convertirse en un corsé para el desarrollo de nuestros alumnos o de nuestros hijos. Pero a veces, lamentablemente, lo son, y quizás en nuestro momento social y cultural tienden a serlo. Tal vez por eso, posiblemente, quien escribiera o dijera esa frase por primera vez (sea quien sea), lo que quería era poner de relieve que, en ocasiones, corremos el riesgo de olvidar los abrazos, excesivamente preocupados o pendientes de las expectativas. Y en el fondo, quizás ese es uno de los problemas de la confianza en la educación en nuestros días. Tal vez el cartel tenía razón, olvidamos que la confianza reside a menudo más en el abrazo que en la expectativa.

Ya hemos dicho que una de las condiciones básicas para todo aprendizaje es la confianza. La del que aprende y la de quienes enseñan y favorecen ese aprendizaje. Para aprender hay que dejarse enseñar y por lo tanto querer o estar dispuesto a dejarse sorprender. Y ello implica en cierta manera ser capaz de poner en cuestión nuestros propios planteamientos y expectativas; o, al menos, no poner demasiados obstáculos o reticencias a los planteamientos ajenos. Pero esos obstáculos a la confianza pueden serlo por exceso o por defecto.

A veces, el problema no es la falta de confianza sino, por decirlo de alguna manera, un exceso de la misma. Como dice el filósofo Carlos Pereda (2009, p. 126) el de confianza es «un concepto tenso». Es tenso porque «confiar» supone de algún modo adoptar una forma de heteronomía, depositar en otros la autoridad y la fuerza de nuestras decisiones; y es tenso porque cuando la confianza es inadecuada –ya sea por exceso o por defecto– perjudica el buen funcionamiento del sistema (el buen funcionamiento de un grupo, de un equipo, de un proyecto... o de un colegio). La confianza, dice Carlos Pereda, se puede comparar con el oxígeno: «solo se nota cuando falta o cuando por exceso irrita, molesta» (2009, p. 39).

En ese sentido, cuando hablamos de educación hay dos grandes obstáculos o límites a la confianza necesaria para el buen funcionamiento del proceso de enseñanza-aprendizaje: *el peso de nuestras expectativas y el tamaño de nuestro escepticismo*. Podríamos decir que en un caso la confianza se ve ahogada por exceso y en otro por defecto. Está demostrado que las expectativas (de los docentes, de las familias, de los propios alumnos) tienen una importancia decisiva en el aprendizaje[5]. Pero al igual que una falta de confianza en el alumno (o en el docente), puede suponer un límite importante en el desarrollo de sus capacidades, cuando esas expectativas (sobre lo que el alumno puede y debe hacer, o sobre lo que la escuela debe hacer) «pesan» demasiado también

---

[5]   En el caso de los docentes, cf. N. W. Papageorge y otros (2016).

pueden distorsionar el buen funcionamiento del proceso educativo. «Seamos sinceros», dice Zoë NEILL (2012, p. 48), «incluso los padres más correctos y buenos del mundo tienen algún tipo de expectativa acerca de cómo deberían ser sus hijos. Es difícil desentenderse de esto si eres un niño porque, claro, quieres a tus padres y no quieres fallarles». Y aún deberíamos añadir: incluso los padres más correctos y colaboradores del mundo tienen algún tipo de expectativa acerca de cómo el colegio y los docentes debería hacer su trabajo; y no están muy dispuestos a dejarse sorprender.

Así, en ocasiones nuestras expectativas pueden convertirse en una importante limitación u obstáculo para disfrutar del aprendizaje. El otro gran obstáculo es el tamaño de nuestro escepticismo, que no es sino el reverso de las expectativas: la ausencia total de confianza, lo que no cabe esperar. A veces, las familias ya han decidido qué y cómo debería ser el colegio; y cualquier respuesta de la escuela que no vaya en la dirección que ellos entienden se va a considerar como un fracaso. O los educadores han decidido ya qué y cómo van a ser los alumnos. Y unos y otros piensan que ni unos ni otros van a ser capaces de responder adecuadamente a lo que *debería* ser. Ese escepticismo y falta de fe que tiende a agostar la esperanza y los sueños de los jóvenes es, según Augusto CURY (2013, p. 133), el mayor pecado capital de un educador. O también puede existir una divergencia entre lo que el colegio puede o quiere dar y lo que se espera de él. Y no nos engañemos: en ocasiones ese conflicto no se da solo entre los educadores de la escuela y las familias. A veces también se produce entre los profesores y los directivos, o entre estos y la administración educativa o los representantes de la entidad titular. Por eso, aunque creemos tenerlo claro, no está de más aclarar, al menos de vez en cuando, en qué consiste nuestra misión educativa; o dónde queremos poner el acento. Porque en muchos casos los conflictos no derivan de la elección entre polos aparentemente opuestos, sino de la interpretación que hacemos de cuestiones en las que, en principio, creemos estar de acuerdo. Ya lo decía el poeta: la verdad está en los matices.

De todos modos, la confianza no implica ni firmar un cheque en blanco ni abdicar de nuestras propias responsabilidades. Al contrario: adulteramos la confianza cuando la identificamos con la credulidad acrítica de quien está dispuesto a aceptar cualquier cosa; o cuando recurrimos a ella para hacer recaer en el otro nuestras propias obligaciones. De ahí la necesidad de mantener también una tensión crítica entre *confianza* y *sospecha*. Esa tensión es propia de la espiritualidad y la pedagogía ignaciana, que promueve lo que paradójicamente podríamos llamar una «sospecha confiada» o una «confianza crítica». Ignacio Boné, SJ, define la espiritualidad ignaciana como una «espiritualidad de la lucidez» y los *Ejercicios Espirituales* como una «dinámica de conversión del deseo» en la que se invita al ejercitante a «sospechar sin miedo y purificar la intención hasta el final» (I. BONÉ, 2014, p. 357). Pero esa sospecha permanente, tendente a tratar de desenmascarar nuestras mociones e intenciones, convive con (a) la «confianza primera» en Dios (el amor de Dios va por delante) y (b) la inocencia que pretende. De modo que, paradójicamente, la inocencia es el resultado de la auténtica sospecha: «La sospecha es imprescindible, pero puede volverse agotadora e incompatible con la fe y la esperanza si no acaba en esa fresca inocencia capaz de creer y esperar de un modo diferente. Esa inocencia haría posible la fe tras pasar por la sospecha más radical y está muy bien desarrollada por Paul Ricoeur en su concepto de segunda ingenuidad –*seconde naïveté*– como interpretación desde el sentido tras pasar por todas las interpretaciones críticas. En los procesos de decisión también hay un momento de cierre y de confianza en la conclusión alcanzada que se vive con cierta ingenuidad amable y como un paso a lo nuevo que se confirma con una experiencia sorprendente de consuelo» (I. BONÉ, 2014, p. 362).

Esa tensión propia de la confianza –de la que nace el conocimiento y el aprendizaje– puede pensarse y observarse también desde otra perspectiva: la del conocimiento científico. El sociólogo norteamericano Robert Wuthnow dice que el conocimiento científico implica o exige dos actitudes aparentemente contradictorias: *arrogancia* y *humildad*. Por un lado, es precisa la intrepidez o el arrojo que lleva a imaginar posibilidades, a formular hipótesis y afirmar nuestras opiniones, «el don de la curiosidad sin límites». Pero esa arrogancia, por sí misma, no lleva al conocimiento ni a la verdad si no está compensada o tamizada por la humildad que reconoce la provisionalidad y los límites de nuestro conocimiento, que está abierta a la crítica y a la reformulación de las propias opiniones y que toma como punto de partida lo que en la metodología del conocimiento científico llamamos «reflexividad», esto es, el principio que dice que la condición de validez del análisis científico es su aplicabilidad a la propia observación científica[6]. O, dicho con otras palabras: que la crítica y el inconformismo empieza por uno mismo. La confianza que provoca y permite el asombro nace en esa tensión entre la arrogancia y la humildad y por eso no es incompatible con la duda o la sospecha propia del avance racional. Al contrario: la perversión de la lógica de la sospecha consiste en aplicarla siempre a lo que dicen o hacen los demás –el profesor, o el alumno, o la familia, o el inspector…– pero no a uno mismo. ¿No habría que hacer al revés?

Francesc Torralba también insiste en la confianza y la humildad como las dos actitudes fundamentales necesarias para facilitar el encuentro educativo: confianza del alumno en el maestro y de este en el discípulo; disposición a escuchar por parte de ambos. El maestro arrogante no «pierde» el tiempo con los alumnos; el alumno arrogante no escucha a su maestro. Por eso, la arrogancia, la falta de confianza de unos u otros, se convierte en el obstáculo fundamental para que fluya el proceso educativo (F. TORRALBA, 2015, pp. 31-32).

Confianza y cultura de centro

¿Es la confianza una de las características de la cultura de nuestro proyecto educativo o somos más bien

---

[6] P. BOURDIEU (1992), R. WUTHNOW (2003).

desconfiados y recelosos? ¿Cómo favorecer entonces e «inspirar» esa confianza adecuada y necesaria entre nosotros (alumnos, educadores, familias, gestores...)? ¿Qué tipo de dinámicas precisamos impulsar o corregir (entre los profesores, entre las familias, entre los alumnos, entre los directivos, entre unos y otros...) para promover relaciones de confianza? Porque realmente sabemos que hay dinámicas que favorecen la confianza y dinámicas que la dificultan. Y dinámicas que favorecen una confianza adecuada y otras que favorecen una confianza inadecuada o adulterada (sea por exceso o por defecto). Por ejemplo, como pone de relieve Francesc TORRALBA (2012, pp. 67-68), «entre normas y confianza hay una relación inversamente proporcional. Cuanta más confianza, menos normas; si falta, más reglas y protocolos. Un control excesivo férreo de una organización puede ahogar el crecimiento de la confianza, porque se puede sospechar que su actividad no obedece sino a esa vigilancia. Un organismo bien concebido debe fomentar la madurez de las personas. La desconfianza frena el flujo de la información, mermando la eficacia de los procesos de la toma de decisiones». La confianza contribuye a generar una determinada cultura de centro y, a la vez, la cultura de centro favorece un tipo de confianza. Por eso en ocasiones hay que dejar que se cometa el «error acompañado». Es una extraordinaria oportunidad para la profundidad.

De entrada, una cultura de centro basada en la confianza exige reconocer y respetar, en cada uno de los sujetos que toman parte en el proceso de enseñanza-aprendizaje, su carácter y condición de sujetos. Cuando éstos se convierten simplemente en un empleado, en un prestador de servicios, en un cliente o en un supervisor... la confianza empieza a deteriorarse. Pero, a la vez, la confianza exige también reconocer el papel y la labor y autoridad específica de cada uno de ellos. En más de una ocasión he asistido a reuniones en las que la familia exige qué es lo que el colegio (y los profesores) deben hacer para atender adecuadamente a sus hijos o el «tratamiento» que debe dársele. ¿Se imaginan ustedes a un paciente exigiendo al facultativo de un hospital un determinado tratamiento? Bueno, desafortunadamente, quizás sí...

A veces, equivocadamente, confundimos la confianza con ausencia de conflictos. Pero los conflictos son inevitables en todo contexto social (precisamente porque podemos tener interpretaciones o intereses diversos) y es preciso hacerlos conscientes y aprender a gestionarlos. Los conflictos se convierten en el test o la prueba de resistencia de la confianza, y la deterioran o la refuerzan en función de nuestra forma de gestionarlos: con más o menos transparencia, con más o menos sinceridad, o con más o menos profundidad y rigor. La confianza no se reduce a un ambiente o un clima organizativo y laboral más o menos distendido. Por supuesto que un ambiente agradable es necesario y favorece el buen trabajo y la confianza, pero para que lo sea realmente es preciso que se den dos condiciones fundamentales: transparencia y visión. Los especialistas lo dicen claramente en el caso de los docentes. Lo que éstos esperan de sus directores y de sus coordinadores de cara a un compromiso perdurable es que quienes les lideran «tengan una "clara visión", les traten "como adultos", estén comprometidos y visibles, sean abiertos y accesibles, confíen en el personal docente y muestren una preocupación por las personas» (HARGREAVES y FULLAN, 2014, p. 87). Y en un sentido parecido quizás podría pensarse que eso es lo que esperan las familias y los alumnos de los docentes, etc.

Por último, hay una regla básica a la hora de plantearse las dinámicas de confianza en el espacio educativo: cuando pensamos que de lo que se trata es de generar la confianza de los demás, que son los otros los que recelan, es que estamos desconfiando. Confiar, decíamos antes, implica fiarse juntos. Por eso mismo, solo podemos generar dinámicas de confianza si nosotros mismos apostamos por los demás, si nos hacemos «confiables»[7]. Como decía TITO LIVIO, «nos ganamos la

---

[7] Decíamos antes, con F. Torralba, que la confianza necesaria en la educación tiene algo de fe porque no hay una garantía de éxito al final del proceso. No puede asegurarse que se obtendrán los resultados o la respuesta esperada. Pero eso no significa que sea una confianza ciega o sin fundamento. En *Capital profesional*, Andy HARGREAVES y Michael FULLAN señalan que «la confianza que tiene la gente en los maestros no es ciega. Está basada en algo sólido: personas altamente cualificadas que se han sometido a una formación rigurosa que conecta la teoría con la práctica, y que permanecen muchos años en el empleo, personas que constantemente perfeccionan su práctica y siempre investigan formas mejores de llevarla a cabo» (HARGREAVES y FULLAN, 2014, p. 111). Es decir, hay elementos en la práctica docente (la formación continua, la práctica reflexiva, la innovación orientada a la mejora…) que contribuyen a favorecer la

confianza de aquellos en quien ponemos la nuestra». La confianza es una virtud que se construye hombro con hombro, mano a mano.

Cuestiones para la reflexión:

- ¿En qué sentido los problemas de la educación son una cuestión de confianza?
- ¿Cuáles son mis expectativas reales respecto a mis alumnos, a mis profesores (o a los profesores de mis hijos) o a los gestores del colegio...? ¿En qué aspectos o respecto a quién me siento más escéptico?
- ¿Qué problemas de confianza detectas en nuestro centro? ¿Qué implica una confianza adecuada en la dinámica escolar? ¿Y cómo podemos fomentarla?

---

confianza en la misma y otros elementos que, por el contrario, erosionan esa confianza. Del mismo modo, hay condiciones en la actitud de las familias, de los alumnos, de los gestores, etc., que favorecen la confianza y otras que la erosionan. ¿Cuáles son esos elementos o esas condiciones? Esa es una pregunta que la comunidad educativa debería hacerse conjuntamente.

Resistir y aceptar el propio ritmo (Paciencia)

La confianza y la paciencia

«Todos los errores humanos», escribía KAFKA en uno de sus *Aforismos* (2005, § 2), «son fruto de la impaciencia, una interrupción prematura de lo metódico». También en la educación, buena parte de las dificultades y los errores radican en nuestra incapacidad para saber esperar y para aceptar los diferentes ritmos, los de los demás y los propios. Dice Francesc TORRALBA que la paciencia puede definirse como «el arte de no arrancar la pera del árbol antes de tiempo. Consiste en saber esperar, en tomarse el tiempo necesario. Se trata de saber cultivarla, de dedicarle el rato que se merece, de saber aguantar el paso de los meses y las inclemencias del tiempo». Por eso, «la paciencia es propia del oficio de jardinero», dice Torralba, «del buen cuidador» o, en palabras de Carlos DÍAZ, la virtud propia de «un corazón campesino», capaz de escuchar y atender los ritmos de la naturaleza, de no intervenir ni antes de tiempo ni demasiado tarde; aguardar sin apresurarse. En el fondo, la paciencia va de la mano de la confianza, es la confianza puesta en el tiempo; por eso puede definirse como «la virtud del *mientras tanto*»[1].

La pedagogía ignaciana también insiste en esta virtud como una condición necesaria para el buen desarrollo del proceso personal de aprendizaje. En los *Ejercicios Espirituales*, san Ignacio recuerda que, aunque la experiencia de los ejercicios está prevista temporalmente en un mes, estructurada en cuatro semanas, hay que tener en cuenta que «*unos son más tardos para hallar lo que buscan*» y otros son más rápidos o veloces, por lo que a veces hay que acomodar los periodos de tiempo al ritmo del ejercitante o, en el caso de la escuela, al ritmo del alumno (EE, 4; ICAJE, 1993, n. 103). Asimismo, se alerta sobre el peligro de las prisas o las precipitaciones de quien enseguida quiere tomar decisiones o acelerar los procesos de aprendizaje. La anotación 14.ª de los *Ejercicios* advierte al que los da que «*si vee al que los rescibe que anda consolado y con mucho hervor, debe prevenir que no haga promessa ni voto alguno inconsiderado y precipitado; y quanto más le conosciere de ligera condición, tanto más le debe prevenir y admonir*» (EE, 14); pero también en las dificultades han de evitarse las decisiones apresuradas[2].

---

[1] Cf. al respecto, C. DÍAZ (2005, pp. 26 y 36), F. TORRALBA (2009, pp. 40 y 48) y C. DÍAZ MARCOS (2002), referencias útiles para todo este capítulo.

[2] Es ampliamente conocida la regla ignaciana de discreción de espíritus, que dice que «*en tiempo de desolación nunca*

En su traducción al ámbito educativo, eso implica que «si el alumno va adelante con gran éxito, el profesor le aconsejará ir con más cuidado y con menos prisa» (ICAJE, 1993, n. 110) y si se encuentra en un momento de dificultad, habrá de procurar que no abandone precipitadamente. El *conocimiento interno* que implica el proceso de interiorización que propone san Ignacio requiere espacio y tiempo. Se trata de *sentir* y *gustar* y «no se puede gustar deprisa. Incluso para saborear un delicioso alimento tenemos que centrar nuestra atención en las papilas gustativas, y darnos el tiempo necesario para saborearlo», pacientemente (Mª Luz DE LA HORMAZA, 2010, p. 224). Sin tiempo no hay posibilidad de encuentro, y cada encuentro requiere su propio tiempo.

Carlos Díaz subraya en este sentido que la paciencia es «la virtud más propia de la pedagogía, la virtud magisterial, pues sirve para enseñar otras cosas, para

---

hacer mudanza» (EE, 318), lo que no es una invitación a no cambiar, sino a ser pacientes y no dejarse vencer cuando empiezan las dificultades: «dado que en la desolación no debemos mudar los primeros propósitos, mucho aprovecha el intenso mudarse contra la misma desolación» (n. 319). Por eso, el que está en desolación «trabaxe de estar en paciencia, que es contraria a las vexaciones que le vienen, y piense que será presto consolado, poniendo las diligencias contra la tal desolación» (n. 321). Pero también en tiempo de consolación alerta contra las decisiones apresuradas o precipitadas, «*propósitos o paresceres*» que no responden al buen espíritu «y por tanto han menester ser mucho bien examinados, antes que se les dé entero crédito, ni que se pongan en efecto» (n. 336).

ayudar a crecer» (C. Díaz, 2005, p. 87). Pero no solamente por parte del docente; la paciencia también es necesaria en el alumno, o en las familias, preocupadas a menudo por la inmediatez de los resultados. Cuando únicamente nos fijamos en estos, sin atender a las dificultades de la naturaleza del proceso necesario para conseguirlos, la impaciencia nos desborda y aparece la frustración y la tentación de la renuncia. Pero la educación y el aprendizaje, como sabemos, son una carrera de fondo, que exige las virtudes no tanto del velocista, sino del corredor de fondo, aquel que sabe sincronizar el tiempo subjetivo con el tiempo objetivo. Por eso, la paciencia es también la virtud de la resistencia, que implica *renunciar a la renuncia* (C. Díaz, 2005, p. 31): saber aguantar, saber esperar, asumir, aceptar y cuidar el propio ritmo. Y eso, en sí mismo, es fruto del aprendizaje. De ahí que la paciencia solo se adquiere pacientemente, a través de su ejercicio. La paciencia no es una cualidad innata o un don que se hereda, sino una elección que se construye y que, hasta para conseguirla, requiere paciencia: «Hasta para adquirir paciencia, hay que ser paciente» (F. Torralba, 2009, p. 39).

Hay quienes, en la educación, nos alertan frente a la idolatría de los resultados, la obsesión por los rendimientos y los frutos de la actividad educativa, sin tener en cuenta, como decíamos, la importancia y la complejidad de los procesos: «la calidad reside en el proceso», escribe Richard Gerver (2014, pp. 57 y 68), «no en el producto». Pero igualmente deberíamos precavernos frente a la idolatría de los procesos, la absolutización de la actividad al margen de sus resultados. Es verdad que el fin está en los medios, y si el proceso no consigue los objetivos perseguidos, hay que preguntarse si es realmente un buen proceso. La paciencia nos sitúa –debe situarnos– en esa tensión dialéctica y creativa entre el proceso y los resultados. La virtud de la paciencia es clave tanto en la enseñanza como en el aprendizaje, tanto para no conformarse con los éxitos o fracasos momentáneos como para evitar abandonar o desistir ante las dificultades en uno u otro caso[3].

¿Educar en microondas o a fuego lento?

El sociólogo Zygmunt Bauman utilizó la idea de «modernidad líquida» para explicar las transformaciones sociales y culturales de nuestra época, caracterizada por la precariedad, la falta de «solidez», la inestabilidad y el cambio permanente. En ese contexto, nuestra percepción del tiempo se ve caracterizado por dos rasgos que se retroalimentan mutuamente. De un lado, se impone *una percepción del tiempo «puntillista» y «saltatoria»*, en la que el devenir no es vivido como un continuum, sino como una sucesión de hechos o episodios independientes e inconexos. Por otro lado, y gracias a los avances tecnológicos y a las comunicaciones, vivimos en *un contexto dominado por la inmediatez y la celeridad*. La virtud del progreso radica en conseguir la mayor velocidad posible en el procesamiento de la mayor cantidad

---

[3] A. Cury (2013, p. 68).

de información. Todo debe ser posible al instante, un instante cada vez más pequeño, más reducido[4].

En ese contexto, como dice el propio Bauman (citando al profesor David Shi), «esperar se ha convertido en una circunstancia intolerable» (Z. BAUMAN, 2007b, p. 21). Shi habla de «*síndrome de la aceleración*» para referirse a ese estado social de ánimo y Bauman se refiere a él como «*síndrome de la impaciencia*»: «El tiempo ha llegado a ser un recurso (quizá el último) cuyo gasto se considera unánimemente abominable, injustificable e intolerable; en realidad, un desaire y una bofetada a la dignidad humana, una violación a los derechos humanos» y cualquier demora, dilación o espera, es considerada un estigma de inferioridad (Z. BAUMAN, 2007b, p. 22)[5].

El síndrome de la impaciencia, en lugar de valorar la importancia del tiempo como algo que debemos cuidar (y disfrutar), transmite el mensaje inverso: «el tiempo

---

[4] Z. BAUMAN (2007a, p. 52) y (2007b); L. MAFFEI (2016, p. 73).

[5] El psiquiatra A. CURY (2013, pp. 73-77) habla del *síndrome del pensamiento acelerado*, SPA, para describir un síndrome de hiperactividad no genética presente en niños y jóvenes, provocado por la sobreestimulación visual y sonora, el exceso de información y la «paranoia del consumo y de la estética que dificulta la interiorización». El aumento en la velocidad de nuestro pensamiento para tratar de procesar los estímulos y la información que recibe se traduce en una disminución de la concentración y un aumento de la ansiedad que, a su vez, genera compulsivamente la necesidad de nuevos estímulos para buscar alivio.

es un fastidio y una faena, una contrariedad, un desaire a la libertad humana, una amenaza a los derechos humanos y no hay ninguna necesidad ni obligación de sufrir tales molestias de buen grado. El tiempo es un ladrón. Si uno acepta esperar, postergar las recompensas debidas a su paciencia, será despojado de las oportunidades de alegría y placer que tienen la costumbre de presentarse una sola vez y desaparecer para siempre. El paso del tiempo debe registrarse en la columna de débitos de los proyectos de vida humanos; trae consigo pérdidas y no ganancias. El paso del tiempo presagia la disminución de oportunidades que debieron cogerse y consumirse cuando se presentaron» (Z. BAUMAN, 2007b, p. 24). Como escribe Milan Kundera en una de sus novelas, «la velocidad es la forma de éxtasis que la revolución técnica ha brindado al hombre»; asociamos la velocidad al disfrute y el aburrimiento a la lentitud (M. KUNDERA, 1995, pp. 10-11). *Carpe diem*, la llamada a «aprovechar» y no dejar de disfrutar los días que pasan, se ha convertido curiosamente en nuestra sociedad en un llamamiento a evitar que los días que pasan nos impidan disfrutar.

«¡Vive el ahora!», se nos insiste por doquier. La idolatría y la neurosis de nuestro tiempo es la de vivir el momento inmediato[6]. El cortoplacismo se ha transformado

---

[6] C. DÍAZ (2005, p. 33), L. MAFFEI (2016, p. 74). En educación es el proyecto educativo el que debe marcar el tiempo, y no al revés. Cuando falta el proyecto educativo, o este no está claro, la educación puede convertirse en simples carreras de galgos.

en el «*ahorismo*» propio de una vida de consumo e invade todos los espacios de la vida, desde la política hasta la educación (por no hablar de la política educativa, claro está). Vivir la vida deja de consistir en construir y protagonizar una historia y se convierte en «aprovechar» una sucesión de episodios inconexos. Y esa percepción acelerada, puntillista y «*ahorista*» del tiempo tiende a favorecer el pensamiento rápido, instintivo o intuitivo, frente al pensamiento lento, racional y analítico. Es normal que en la juventud tenga su máximo desarrollo ese concepto «saltatorio» y acelerado del tiempo[7]. Suele decirse que el adolescente quiere siempre, para todo, que se produzca el milagro y lo exige ya. Y además es verdad que es importante saber aprovechar y disfrutar el momento actual, entre otras cosas porque el futuro está germinando en él[8]. Pero la reflexión que nos están proponiendo análisis como los de Zygmunt Bauman (desde la sociología) o

---

[7] Según L. Maffei «el concepto saltatorio del tiempo tiene normalmente su máximo desarrollo en el joven, aunque no en el niño, que posee aún el tiempo lento del juego y la maravilla de la novedad» (2016, p. 73).

[8] Se dice que el asombro tiene lugar en la sorpresa, y que «el tiempo de la sorpresa es siempre el instante, porque la sorpresa solo puede suceder dentro del orden de lo "imprevisto" y de la "primera vez"» (S. Petrosino, 2001, p. 73). Pero a diferencia del «ahorismo» consumista, el lugar del asombro es un *ahora* en el que el *momento puntual* no solo es fruto o huella sino también ruptura (con lo cotidiano) y anuncio (de lo posible). Como en el signo ortográfico, el instante no es una realidad aislada, sino que cobra sentido como parte de un todo; es un *punto* que cierra, interrumpe, o prolonga y sugiere.

Lamberto Maffei (desde las neurociencias) es hasta qué punto esa percepción adolescente y consumista se está convirtiendo en el concepto del tiempo dominante en nuestra realidad social –y educativa–, cuando lo propio del adulto, a diferencia del niño y del joven, es «desarrollar un pensamiento estratégico, capaz de planificar a largo término, de ver más allá de lo inmediato» (G. LURI, 2015, p. 120), sin por ello dejar de disfrutar el «ahora».

Como la educación se ha convertido en un «producto» que «se consigue» o se obtiene sin relación al proceso para conseguirlo, también se ve sometida a esa dinámica voraz. «¡Aprenda inglés rápido y sin esfuerzo!», nos anuncian con ánimo de vendernos su producto algunas academias. Inglés, o lo que sea, porque cualquier formación –se supone y se exige– es algo que debe poder obtenerse fácil y rápidamente. A diferencia de otros momentos o culturas, en los que lo que se valoraba del resultado era también el tiempo y el esfuerzo invertido en el proceso («lo que cuesta, vale», dice el refrán, aplicable también al tiempo empleado en una tarea), ahora el valor de las propuestas formativas reside precisamente en lo contrario, en su obtención fácil, rápida e indolora. Como si fuera un plato precocinado que se calienta o se termina de hacer *en un microondas*. Acostumbrados como estamos a esa dinámica en nuestra vida cotidiana, también esperamos que la escuela funcione así, que los alumnos respondan así, que la educación sea así… Pero *el cerebro es una máquina lenta*, nos insisten desde las neurociencias, cuya configuración o «formateado» –si se nos permite la expresión– y desarrollo vital, desde la primera infancia hasta la vejez, es una larga y lenta curva parabólica. «Para construir el cerebro humano la evolución eligió la técnica de la lentitud; en cambio, para los restantes animales eligió la rapidez. Tal es quizá la razón de que muchas respuestas del sistema nervioso rápido de los seres humanos se parezcan a las de los otros animales» (L. Maffei, 2016, p. 21). La lentitud es a la vez el regalo y la condena de nuestra humana condición.

La psicología y las neurociencias hablan de *pensamiento rápido* y *pensamiento lento* para diferenciar dos modos de pensar que se corresponden con dos formas distintas de funcionamiento y reacción al ambiente de nuestro sistema nervioso[9]. El pensamiento rápido tiene que ver con las respuestas sensoriales automáticas e inconscientes, los reflejos aprendidos y la intuición, mientras que el pensamiento lento lo hace con el razonamiento lógico, el cálculo y la reflexión consciente. El primero es ágil, emocional e intuitivo (como por ejemplo cuando decidimos como resultado de una corazonada o advertimos instintivamente un peligro) mientras que el segundo es lento y requiere concentración, atención y esfuerzo (como cuando tenemos que realizar un cálculo complejo). Actualmente, en ocasiones, el énfasis en la creatividad y las emociones tiende a subrayar (a menudo, sin saberlo) el peso del pensamiento rápido en la educación, en detrimento de los procesos de adquisición de conocimientos y habilidades asociados al pensamiento lento. Pero en realidad, un buen

---

[9] Para todo este punto cf. D. Kahneman (2015) y L. Maffei (2016, pp. 49-59).

pensamiento rápido se alimenta y se apoya en el pensamiento lento[10]. La psicología ha mostrado cómo nuestras intuiciones están plagadas de sesgos cognitivos que hacen que, cuando más seguros creemos estar de nuestras percepciones y decisiones, más nos equivocamos[11]. Pero eso no significa que el razonamiento intuitivo o el pensamiento rápido no pueda funcionar adecuadamente. Es más, no podemos renunciar a él; no podemos dejar de utilizarlo. Además, es la forma de decidir y operar de los expertos en sus diferentes ámbitos (medicina, derecho, educación...), sobre todo en contextos complejos (en una situación de emergencia, ante una decisión difícil...). Pero si el pensamiento rápido está condicionado y emborronado por ilusiones y sesgos, ¿cómo podemos evaluar entonces –se pregunta Daniel Kahneman– la probable validez de un juicio intuitivo? ¿Cuándo reflejan los juicios la auténtica condición de experto? «La respuesta», dice el propio Kahneman, «viene de dos condiciones básicas para adquirir una aptitud: un entorno que sea lo suficientemente *regular* para ser predecible; y una oportunidad de *aprender de*

---

[10] Y viceversa: «La intuición, sin la verificación experimental o lógico-racional que opera el pensamiento lento, se queda en sueño y, por así decirlo, no se materializa en nada que pueda ser transmitido, comprendido y aceptado por otros individuos. Por otra parte, es cierto que el pensamiento lento sin el detonador de la intuición se vuelve perezoso y muchas veces improductivo» (L. MAFFEI, 2016, pp. 53-54 y 100).

[11] *Pensar rápido, pensar despacio*, la obra del psicólogo y premio Nobel de economía Daniel KAHNEMAN (2015), es especialmente ilustrativa al respecto.

estas regularidades a través de una práctica prolongada» (D. KAHNEMAN, 2015, p. 314, la cursiva es nuestra). Es decir, *lentamente.*

Por eso el aprendizaje, la auténtica educación –y por supuesto la educación en clave ignaciana– tiene más que ver con la cocina *a fuego lento*, que además atiende, respeta y cuida los procesos personales, llenos de dificultades y conflictos[12]. Como escribe Carlos Díaz, frente a la violencia de la «tecnoimpaciencia», la educación se forja en la paciencia: «El impaciente siempre es violento porque rompe con el ser a través de la ruptura con lo más íntimo del mismo, a saber, con su tiempo. (…) Nunca se entra por la violencia dentro de un corazón; ningún imperio conquistado y gobernado por la violencia es duradero. No es el martillo el que deja perfectamente pulidos los guijarros, sino el agua con su danza y su canción» (C. DÍAZ, 2005, p. 23). Y de la misma manera, para poder dejar huella en nosotros, y para que nosotros podamos dejar huella, se requiere caminar mucho y mucho tiempo. La paciencia, escribe Carlos Díaz, es una torre alta de profundos cimientos. Y añade: «Para hacer de una casa un hogar se requiere vivir mucho tiempo en ella» (*Ibid.*, p. 32).

De modo análogo a la casa a la que se refiere Carlos Díaz, hacer de cada uno de nosotros un hogar, o una

---

[12] Como dicen A. Hargreaves y M. Fullan, las culturas colaborativas (que son las de las mejores escuelas) «no son ollas a presión de culpa y perfeccionismo, sino cazos de cocción lenta que permiten que se expongan las vulnerabilidades y se expresen las dudas» (HARGREAVES y FULLAN, 2014, p. 145).

alta torre de profundos cimientos, es una tarea que requiere mucho tiempo y paciencia en cada uno de sus estadios. Más aún, como mostraba Malcolm Gladwell en su libro sobre la gente que consideramos «fuera de serie», eso que llamamos «éxito» tiene mucho más que ver con el trabajo paciente, continuo y concentrado, que con la genialidad personal[13]. La aceleración y la impaciencia llevan a la dispersión y a la distracción y, como viene insistiendo el filósofo y pedagogo Gregorio Luri, el principal problema escolar es educar en la atención. Para ello, decía Luri en las redes sociales, hay actualmente dos remedios: el farmacológico y la lectura; y el problema es que el segundo cansa. Requiere trabajo, tiempo y paciencia por parte de todos.

La lentitud en la educación: *tempo* y ritmo

Perdemos la paciencia porque el tiempo objetivo no se ajusta a nuestro tiempo subjetivo; porque el ritmo de los hechos, de las circunstancias o de los demás, no coincide con nuestro propio ritmo personal. A veces nos desesperamos porque los demás van más deprisa y nosotros somos más lentos y no llegamos; pero más generalmente nos impacientamos cuando tenemos que esperar, cuando nos hacen «perder» el tiempo. El problema de la educación –y de la escuela– es que hay muchos tiempos y ritmos vitales que se entrecruzan, que entran en conflicto y que luchan por imponerse:

---

[13] Cf. M. GLADWELL (2009).

el tiempo de la organización y la gestión, el tiempo de los docentes, el tiempo de los alumnos, el tiempo de las familias… Cada cosa tiene su momento y su ritmo, su *tempo*. En nuestras propias familias, por ejemplo, con nuestros hijos, ese conflicto es una experiencia cotidiana: en determinados momentos del crecimiento, el aprendizaje exige que el niño se vista solo, que se ate él mismo los cordones de las zapatillas, que desayune sin ayuda… pero la urgencia de tener que llevarlo al colegio para ir luego a trabajar, nos empuja a apremiarlo, o a hacer sus tareas nosotros mismos, sin respetar su ritmo. ¡Qué difícil es conjugar nuestros tiempos y ritmos de vida! ¡Y qué necesaria la paciencia en todos esos procesos!

Es difícil porque sentimos que nos falta tiempo: los profesores se quejan (en muchos casos con toda la razón) de que no tienen tiempo para reunirse, o para preparar bien las clases y corregir ejercicios, o para atender adecuadamente a sus alumnos; la clase se pasa rápidamente sin que dé tiempo para cumplir los objetivos. Las familias exigen que la escuela les ayude a conciliar su vida familiar y laboral. Los alumnos a veces sienten que con tanta actividad escolar y extraescolar no les queda tiempo para nada y acaban aburridos de tanto activismo… Es verdad también que muchos de esos problemas vienen dados porque no hacemos una correcta gestión de nuestro tiempo: «perdemos» tiempo, lo desperdiciamos cuando no lo gustamos o disfrutamos plenamente, en profundidad, porque en realidad estamos deseando ya pasar a lo siguiente, inmediatamente, rápidamente. Hagan la prueba los docentes, por ejemplo, sobre la dinámica de una reunión cualquiera de equipo (reunión de tutores, de ciclo, etc.): cuándo se empieza realmente y cuándo se acaba, de qué se habla, etc.; o el alumno, sobre el tiempo que dedica realmente a estudiar y a hacer sus tareas... Cuidar el tiempo también exige cuidar la *calidad* del tiempo que tenemos, pero siempre que eso no se convierta en la excusa o el engaño para no dedicar a cada cosa –¡y sobre todo: a cada persona!– el *momento* y el *tiempo* realmente necesario[14].

Lo cierto es que una educación paciente exige tiempo en cantidad y calidad y esto tiene que ver con nuestra cultura escolar: con nuestra forma de organizar el tiempo de las actividades, con nuestra manera de relacionarnos, con la importancia que damos a unos momentos y a otros, etc. El movimiento de las «escuelas lentas» propone trasladar a la educación un ritmo de trabajo, de relaciones y de vida, que permita «saborear» el instante y sacar así mejor provecho del aprendizaje[15]. Joan DOMÈNECH (2009, pp. 81ss) resume en estas quince ideas los «principios para una educación lenta»:

1. La educación es una actividad lenta.

2. Las actividades educativas han de definir su tiempo y no al revés.

3. En educación, menos es más.

---

[14] En el caso de la familia, este ha sido una trampa o un autoengaño bastante común. Cf. Cecilia JAN: «Acabemos con el timo del tiempo de calidad con los hijos», en http://bit.ly/2u7MFte

[15] Véase por ejemplo G. ZAVALLONI (2011), J. DOMÈNECH (2009).

4. La educación es un proceso cualitativo.
5. El tiempo educativo es global e interrelacionado.
6. La construcción de un proceso educativo debe ser sostenible.
7. Cada niño y cada persona necesita su tiempo para el aprendizaje.
8. Cada aprendizaje debe realizarse en su momento.
9. Para conseguir aprovechar mejor el tiempo hay que priorizar y definir las finalidades de la educación.
10. La educación necesita tiempo sin tiempo.
11. Hay que devolver tiempo a la infancia.
12. Tenemos que repensar el tiempo de las relaciones entre adultos y niños.
13. El tiempo de los educadores debe redefinirse.
14. La escuela debe educar el tiempo.
15. La educación lenta forma parte de la renovación pedagógica.

Por nuestra parte, además, conviene subrayar *tres cuestiones importantes a propósito de la necesaria «lentitud» en la educación*. En primer lugar, el objetivo de repensar la cultura del tiempo en la escuela es mejorar el proceso educativo favoreciendo no solo la comodidad o el «disfrute», por así decirlo, sino *la profundidad* del aprendizaje (virtud de la que hablaremos en el próximo capítulo). Por ejemplo, cuando se reivindica la importancia de promover la lectura *lenta* en la escuela no se hace simplemente como una moda o una propuesta de placer cultural entre otras muchas posibles (es más, al principio la lectura requiere un esfuerzo que no resulta necesariamente placentero), sino como una forma de desarrollar la atención necesaria en la educación. En segundo lugar, para educar en la «lentitud» se requiere tiempo, un tiempo que es un bien escaso y eso quiere decir que estamos obligados a decidir y priorizar a qué lo vamos a destinar y cómo: «En vez de mirar constantemente el reloj y organizar el tiempo», dice Joan DOMÈNECH (2009, p. 151), «*decidir hacia dónde queremos ir*, por qué queremos educar, qué pretendemos» y por lo tanto analizar y distinguir lo urgente y lo importante, dejando de lado lo superfluo y sabiendo dar el tiempo suficiente a aquello que lo requiere. Es decir: sencillez. ¡No podemos ser todo, hacer todo y al mismo tiempo! Estamos obligados a elegir y para ello distinguir e ir a aquello que es más importante. Y esta necesidad de escoger y decidir es necesaria no solo por parte de la escuela y de los docentes, sino también por parte de las familias[16].

---

[16] Un ejemplo que puede resultar de interés es el que tiene que ver con el debate, planteado recientemente en España, a propósito de los «deberes» escolares. Es verdad que en algunos casos los «deberes» pueden convertirse en un recurso fácil para completar o compensar una deficiente organización o gestión de la actividad docente, obligando así a los alumnos (y a las familias) a prolongar la jornada escolar en casa. Pero también lo es que, en muchos casos, el conflicto de los deberes se produce por la sobrecarga de actividades extraescolares que se «impone» a los alumnos. ¿Es realmente sensato renunciar a los deberes cuando está demostrado científicamente que contribuyen a la mejora del rendimiento escolar? Desde el punto de vista educativo no se trata de escoger simplemente lo más fácil, cómodo o placentero.

Por último, y aunque pueda parecer una paradoja, la educación *lenta* no consiste necesariamente en hacer las cosas *despacio*, sino en buscar el ritmo apropiado en cada momento y para cada actividad: «no se trata de ir despacio», dice J. DOMÈNECH (2009, p. 76), «sino de encontrar el tiempo justo para cada persona y, a la vez, dar el tiempo justo a cada actividad educativa. Educar en la lentitud significa ajustar la velocidad al momento y a la persona». De ahí la necesidad (y la dificultad) de la virtud de la paciencia: se trata de aceptar y asumir el propio ritmo.

Una virtud difícil

«Todo tiene su tiempo», dice el sabio Qohelet (Ecl 3,1-8):

«Todo tiene su tiempo y sazón, todas las tareas bajo el sol:
tiempo de nacer, tiempo de morir;
tiempo de plantar, tiempo de arrancar;
tiempo de matar, tiempo de sanar;
tiempo de derruir, tiempo de construir;
tiempo de llorar, tiempo de reír;
tiempo de hacer duelo, tiempo de bailar;
tiempo de arrojar piedras, tiempo de recoger piedras;
tiempo de abrazar, tiempo de desprenderse;
tiempo de buscar, tiempo de perder;
tiempo de guardar, tiempo de desechar;
tiempo de rasgar, tiempo de coser;
tiempo de callar, tiempo de hablar;
tiempo de amar, tiempo de odiar;
tiempo de guerra, tiempo de paz».

Y también un tiempo de aprender, y un tiempo de desaprender... En su meditación sobre el Eclesiastés, el filósofo y teólogo Jacques Ellul subrayaba algunas ideas sobre ese poema del tiempo. En primer lugar, decía, hay que observar que hay una ocasión o *momento propicio* (*kairós*) para todo, que *todo* tiene su tiempo y que *siempre* hay un *tiempo posible* (*cronos*) para las innumerables actividades del hombre. Pero cada acontecimiento –o cada encuentro, como decíamos al iniciar este capítulo– tiene y necesita *su* tiempo, el suyo, que no es el mismo que el de otras cosas. Además, escribía Ellul, el sabio Qohelet no hace un juicio moral sobre las diversas actividades, «no nos dice: hacer la paz o amar es algo bueno, hacer la guerra y odiar es algo malo. Constata que tal es toda la realidad de la vida del hombre. Constata que hay un tiempo para cada una de las actividades, para cada uno de los sentimientos. No emite juicios ni aconseja. Dios ha dado un tiempo para cada cosa» (J. ELLUL, 1989, p. 246). Eso significa que «nada es absurdo; nada es inaceptable. Cada cosa –aunque resulte duro afirmarlo y comprenderlo– ha sido hecha por Dios bella y válida» y «cada momento, cada nueva aventura y hecho accidental hemos de acogerlos con la certeza de que en ellos se esconde algo valioso, que hay que saber descubrir. Porque el valor está ahí» (*Ibid.*, p. 248).

La paciencia es una virtud difícil, «errática» según J. MESQUIDA (2010, p. 54), o «agónica», según C. DÍAZ (2005, p. 36), porque supone asumir y aceptar personalmente cada uno de esos tiempos y el tiempo que conlleva cada una de esas experiencias en nosotros.

Como escribe Joan Mesquida, la paciencia no consiste solo en reprimir o controlar impulsos, sino sobre todo en «la capacidad de padecer»[17], es decir: de asumir en profundidad las dificultades o el dolor del tiempo que nos toca vivir, de no forzar el tiempo de cada cosa (ya sea prolongándolas artificialmente o ya sea esquivándolas superficialmente), de aceptar el propio ritmo personal, las propias circunstancias, que van a ser diferentes de las de otros.

El evangelio de Juan concluye con unas escenas bastante enigmáticas. En una de ellas, tras la Resurrección, Jesús se manifiesta de nuevo a sus discípulos junto al mar de Tiberíades y propone nuevamente a Pedro que le siga. Pedro, entonces, viendo al discípulo predilecto de Jesús, que ha quedado apartado de la propuesta, le pregunta al propio Jesús (Jn 21):

«–Señor, y este, ¿qué?
Le respondió Jesús:
–Y si yo quiero que se quede hasta que yo vuelva, ¿a ti qué te importa? Tú sígueme a mí».

Podría parecer, erróneamente, que lo que Jesús está haciendo es una invitación a «pasar» de los demás, a

---

[17] Tal es su sentido etimológico (gr. *pásjein*; lat. *pati*): padecer, experimentar, soportar, aguantar, sufrir. En la espiritualidad ignaciana, la virtud de la paciencia también tiene esa dimensión: «consiste precisamente en asumir (...) aquellas experiencias o situaciones en las que nos autopercibimos como objeto pasivo de un infortunio. En ellas nos alcanza más la semántica etimológica del padecimiento» (G. ARANA, 2007, p. 1390).

despreocuparse de los otros. Pienso sinceramente que no se trata de eso. Por supuesto que todos estamos inevitablemente ligados y vinculados. En realidad, lo que nos está diciendo es que el proceso personal de cada uno es independiente e intransferible, que nuestra historia es diferente, que cada uno tiene su tiempo y que nuestro crecimiento depende de nuestra capacidad para *seguir* personalmente nuestro *propio* camino, sin condicionarlo al de los demás (es decir, para asumir personalmente y no de un modo gregario nuestra propia vocación). Eso puede ser difícil, porque a veces los caminos se unen y a veces se separan; porque los ritmos son distintos y las cosas que nos pasan no son las mismas. Y podemos sentirnos fracasados, desplazados, o solos.

En ese sentido también, retomando las reflexiones de J. Ellul sobre el Eclesiastés, que todo tenga su tiempo no quiere decir que no debamos discernir y enjuiciar moralmente la realidad del tiempo que se nos presenta, o que debamos aceptar sin más el mal y el sufrimiento como algo providencial. Al contrario, *la paciencia no es la virtud de la resignación, sino de la resistencia*[18]; de la resistencia activa y de la acción, tanto frente al derrotismo (la tentación de abandonar cuando nos encontramos ante las dificultades) como al triunfalismo (la tentación

---

[18] O de la rebeldía. Es significativo que la que podríamos considerar segunda parte, complemento o continuación de la *Alabanza de la lentitud*, el opúsculo del neurocientífico Lamberto MAFFEI (2016) que en el fondo es una invitación a cultivar la paciencia, lleve por título *Elogio de la rebeldía* (2017).

de acelerar, dar por acabados los procesos o tomar decisiones precipitadas cuando todo parece funcionar bien). «La paciencia es la fortaleza del débil», escribe Carlos DÍAZ (2005, p. 35), «mientras que la impaciencia es la debilidad del fuerte». La perversión de la paciencia (la paciencia «diabólica», que decía Tertuliano, o la falsa paciencia a la que aludía san Agustín) es precisamente la actitud que la identifica con la terquedad o con la inercia, con la actitud pasiva, con la aceptación acrítica de la realidad y el dejar que las cosas se marchiten (con el derrotismo o el triunfalismo). La paciencia no tiene nada que ver con la impasibilidad y la indecisión; paciente no es sinónimo de conformista o de pánfilo.

La paciencia es una virtud difícil porque implica reconocer nuestra debilidad y nuestros límites; en realidad ser paciente implica serlo, sobre todo, *con uno mismo*, en las circunstancias que nos toca vivir o por nuestra incapacidad para acompasarnos al ritmo de las mismas. Y también porque las circunstancias nos recuerdan –una vez más– que nosotros no somos los dueños de la realidad, que no somos lo que queremos o pensamos ser de una vez para siempre, sino que, quizás, simplemente «estamos» provisionalmente *así* o *ahí*[19]. Y eso nos obliga

---

[19] Carlos Díaz escribe en ese sentido sobre la paciencia entendida como «*la modestia del estar*», frente a lo que podríamos denominar *la arrogancia del ser*: «Quien sabe estar podrá ser, pues el modesto *estar* abre el camino al permanente ser, en el que se convierte con el curso del tiempo. El ser es un estar bañado en la permanencia cómplice del tiempo. Quien *está ahí* mucho tiempo termina *siendo*. Ocurre sin embargo que, por no

a resistir, a no abandonar, a seguir siempre empezando, recomenzando. La paciencia, escribe Carlos Díaz (2005, p. 58), es una virtud no apta para «aquellos que rechazan el tener que estar siempre principiando, es decir, aquellos que rechazan su propia debilidad y viven en el espejismo de la autosuficiencia». Aceptar personalmente nuestro propio ritmo implica *asumir nuestros límites* y los que nos impone la realidad, lo que no quiere decir renunciar a luchar y trabajar por cambiar la realidad, al contrario: «La paciencia nos impulsa a cambiar lo que podemos alterar, pero, a la vez, nos da la paz para asumir lo que *ya* no depende de nosotros y que, irremisiblemente, acontecerá» (F. Torralba, 2009, p. 48). Resistir pacientemente implica por último reconocer también que *no tenemos el control* de todo, el asombro no depende exclusivamente de nuestra voluntad y de nuestro esfuerzo: «uno no decide sorprenderse, el asombro es algo que sucede siempre de forma imprevista, escapando por principio a la posibilidad de decidir» (S. Petrosino 2001, p. 69). De nuestra parte está en poner las condiciones que lo favorezcan y aguardar confiadamente.

La paciencia, en ese sentido, está vinculada a la *confianza* en otros y, en clave creyente, a la confianza en Otro[20]. Suele atribuirse a san Ignacio el aforismo que

---

dedicar el tiempo necesario a la causa que abrazamos, podemos terminar perdiendo hasta la esperanza: el esperar se malograría sin la paciencia del *mientras tanto*» (C. Díaz 2005, pp. 65-66).

[20] En clave teológica, fe y paciencia son dos nombres para una misma disposición o actitud, nacida de la conciencia del límite y del misterio. Esa paciencia es la que distingue la fe

invita a hacerlo todo como si solo dependiera de nosotros y luego a ponerlo en las manos de Dios –paciente y confiadamente– como si solo dependiera de él. También en la educación es esencial esta tensión dinámica entre don y tarea. En el caso del creyente parecería claro, lo que no quiere decir que resulte fácil: la vida es regalo y propuesta, caricia y encargo. Y de ahí que estemos invitados a esa disposición personal permanente, que puede parecer contradictoria, entre el total abandono y la apuesta radical. Es una tensión paradójica porque cuanto más nos esforzamos en sacar adelante un proyecto para contribuir a la formación de los otros, para aprender o para responder a los retos de la vida cotidiana, más conscientes nos hacemos de que no depende solo de nosotros y –en clave creyente– que sin Él nada podemos. Y cuanto más te abandonas sinceramente, más empujado te sientes a comprometerte activamente en la realidad.

Quizás el difícil equilibrio vital radica en esa doble disposición. Por un lado, la voluntad sola, pura, aboca a una especie de prometeísmo que acaba por quemarnos personalmente. Por otro, la sola confianza puede inclinarnos a una autojustificación irresponsable de nuestros actos o del *statu quo*. Es más, seguramente la sola confianza –y la sola paciencia– no es tal, sino idolatría;

---

del ateísmo o la confianza del escepticismo. Cf. al respecto la lectura indispensable de la obra de Tomás HALÍK (2014). Para san Ignacio, también la paciencia es «el modo de discernir una fe robusta», deshaciendo «el equívoco de que Dios inhabita solo nuestras experiencias gratificantes» (G. ARANA, 2017, p. 1391).

y la sola voluntad y esfuerzo no es otra cosa que voluntad de poder. Esta se convierte realmente en voluntad de servicio cuando el eje ya no está en mí, sino en otro (o en Otro).

Esa tensión respondería así al mencionado aforismo ignaciano: «*Hazlo todo como si solo dependiera de ti; y luego ponlo todo en manos de Dios como si solo dependiera de él*». Aunque en realidad parece que la frase no es de Ignacio de Loyola, sino de Gabriel Hevenesi, un jesuita húngaro del siglo XVII, y que originalmente la redacción era algo distinta[21]:

«Que la primera regla de tu hacer sea ésta:
confía en Dios
como si el resultado entero dependiera de ti, y nada de Dios;
ponlo todo en juego, sin embargo,
como si todo dependiera de Dios, y nada de ti».

La versión original del aforismo ignaciano añade algo más que un simple matiz, y profundizar en ella puede ayudarnos a profundizar en la relación entre la voluntad y la confianza, o entre la paciencia y la impaciencia. Por un lado, *confía como si todo dependiera de ti*: es decir, que «la gracia divina moviliza la libertad humana», dice José A. GARCÍA (2010, p. 279) interpretando a Hevenesi. Recelemos por tanto de la confianza que paraliza, del abandono que aísla, ciega o ata. Por otro lado, *actúa como si todo dependiera de otro*, o sea:

---

[21] Sobre este punto cf. José A. GARCÍA (2010).

«esfuérzate en que salgan bien las cosas, pero con un tipo de empeño que nazca últimamente no de tu ego, ni de imperativo categórico alguno interno o exterior, sino de la fe y confianza en Dios que es finalmente quien lo hace posible todo; incluso tu esfuerzo, si bien en otro nivel» (*Ibid.*). La libertad por lo tanto lleva al encuentro con otros y con Dios, desconfiemos de la voluntad y del esfuerzo autorreferente y autocéntrico[22]. De este modo (o actuando así), si no consigo alcanzar lo que pretendo, no lo viviré como un fracaso; y, si lo logro, no lo consideraré como conquista de mi solo esfuerzo. Por tanto: ni frustración o hundimiento, ni endiosamiento y soberbia.

Se trata, por tanto, de actuar con la confianza y la paciencia de Dios, cosa que no tiene nada que ver con el quietismo, la indiferencia, la dejadez o la *a-patía* sino –al revés– con la *com-pasión*. «El tiempo es la paciencia de Dios», reza uno de los aforismos del poeta Enrique GARCÍA-MÁIQUEZ (2015, p. 40). Y la paciencia de Dios es la del padre que aguarda al hijo pródigo, un tiempo de espera que «no debe ser visto como una especie de huelga de brazos caídos de los tribunales divinos, sino como un infinito deseo de perdonar, de esperar ese regreso» (J. MESQUIDA, 2017, p. 59).

Por último, ser pacientes –es decir, resistir aceptando y asumiendo el propio ritmo, las dificultades y los límites– implica reconocer también el valor de las

---

[22] San Agustín decía que «para la paciencia verdadera no basta la voluntad humana: ha de ser ayudada e inflamada desde lo alto» (J. Mª. SANABRIA, 2010, p. 133).

pequeñas cosas, de cada paso que se da –porque «muchos pocos hacen poco a poco un mucho» (C. DÍAZ, 2005, p. 33)–, la importancia de los deseos infinitos que surgen entre los escombros, la vida imparable de la pequeñas hierbas que crecen entre las rendijas, como en la canción de Leonard Cohen[23]:

«Ring the bells that still can ring
Forget your perfect offering
There is a crack in everything
That's how the light gets in».

Más aún, a través de esas pequeñas rendijas es cuando la luz entra con más fuerza en la oscuridad. Pero para eso hace falta prestar la atención necesaria, esa que nos permite descubrir y reconocer esas grietas –¡también nuestras fisuras o grietas personales!–, acoger la luz que entra por ellas, ver (o escuchar) la vida que nace en las pequeñas derrotas de la vida cotidiana[24]. Y ello requiere paciencia: «La impaciencia», escribe Francesc TORRALBA (2009, p. 121), «nos aboca a la superficialidad, la estupidez, la repetición de lo mismo y la proliferación de tópicos y estereotipos. Solo quien mira pacientemente las cosas, quien presta atención a los detalles, los contornos, las aristas o los puntos escondidos, podrá entrever el abismo que esconden. Así pues, la paciencia está

---

[23] L. COHEN, *Anthem*: Toca las campanas que aún pueden sonar / Olvida tu ofrenda perfecta / Hay una grieta en todas las cosas / Así es como entra la luz.

[24] Por ejemplo, es recomendable en ese sentido la lectura de *Puerta principal*, el diario de Guadalupe ARBONA (2017).

íntimamente ligada a la inteligencia. Si solo es inteligente quien lee en el interior de las cosas (*intus-legere*), entonces la inteligencia requiere paciencia, puesto que únicamente puede leerse en el interior de las cosas si se atraviesa la corteza superficial y se va realmente hasta el fondo», a lo profundo.

Cuestiones para la reflexión:

- ¿Cuál es *mi* tiempo ahora? ¿Y el de mi familia? ¿Y el de mi colegio?
- ¿Qué significa para mí –y para nosotros– ser paciente? ¿En qué circunstancias me toca serlo, con qué (o con quién)?
- ¿Qué podemos hacer personalmente y como organización para cultivar la virtud de la paciencia?

Prestar atención
(Profundidad)

Magis

Al referirnos a la virtud de la confianza, anteriormente, decíamos que para aprender bien hay que dejarse enseñar. Ahora podríamos insistir en algo más (que también quedaba apuntado entonces): para aprender y enseñar bien hay que *querer* aprender y querer enseñar. La confianza y la paciencia, decíamos, no deben entenderse como una tendencia a abandonarse pasiva y acríticamente a lo que venga. Todo lo contrario. El éxito del proceso de enseñanza-aprendizaje está en relación con nuestra voluntad activa para mejorar, con nuestra capacidad para buscar y ahondar en la realidad, con nuestra disposición a llegar más lejos, «hasta el final», hasta lo hondo. «Se es lo que se busca», decía el sufí RUMI; y el poeta Hugo MÚJICA lo expresa así: «Cada hombre tiene la altura de su esperanza más lejana. La hondura de su sed. / El agua que espera. (La que deja correr, no en la que se refleja)» (1997, p. 19). La calidad de la educación está también en función de la calidad y el objeto de nuestra sed, o de nuestro *deseo*. La sed de luz produce luz, diríamos con Simone WEIL (1993, p. 68): «Si hay verdadero deseo, si el objeto del deseo es realmente la luz, el deseo de luz produce luz. Hay verdadero deseo cuando hay esfuerzo de atención».

Se supone que ese *deseo de más* es una de las características básicas de la espiritualidad ignaciana: el *magis*, el inconformismo que lleva a la búsqueda del bien más universal, del apostolado más efectivo, de la mayor gloria de Dios, que se plasma en el conocido lema jesuítico *Ad Maiorem Dei Gloriam*. Más aún: se entiende que el *magis* no es simplemente una más de la lista de las características del jesuita o de la persona ignaciana, sino que las impregna todas: Se trata de alguien que –al decir de la *Congregación General 34* (decreto 26, n. 27)– «nunca está satisfecho con lo establecido, lo conocido, lo probado, lo ya existente»[1].

Podríamos decir que el *magis* es así la versión ignaciana de la llamada a la excelencia (ICAJE, 1986, nn. 105ss). Pero la excelencia, en lugar de una virtud,

---

[1] Citado en C. CABARRÚS (2003, pp. 35-36), que añade: «En palabras de Ignacio: *"Desearía, si Dios fuese servido, poder más de lo que puedo"* (Cartas, 2, 411). La persona ignaciana, laica o jesuita, debe sentirse constantemente –según lo indica la misma Congregación General– impulsada a descubrir, redefinir y alcanzar el *magis*. Por esto, para la persona ignaciana las fronteras y los límites no son obstáculos o términos, sino nuevos desafíos que encarar, nuevas oportunidades por las que alegrarse. Así lo afirmó el P. Pedro Arrupe (…) quien, al hablar del modo de proceder de la Compañía, decía: lo nuestro es una santa audacia… una cierta agresividad apostólica».

en ocasiones también puede convertirse en un vicio. Hay también una excelencia «desordenada» o que no es propia del buen espíritu (D. MOLLÁ, 2015, p. 12): la que pone vanidosamente el énfasis en el éxito mundano o en las apariencias, la del rigorismo o el perfeccionismo patológico, la del voluntarismo autosuficiente... En su sentido etimológico, como se sabe, el término excelencia proviene del latín *ex-cellere*, que significa algo así como «*salir de*» y que habitualmente se traduce como «*sobresalir, distinguirse, aventajar*». Pero más que «sobresalir a» (o «por encima de»), en realidad estamos llamados a «salir de»: de la superficialidad y la mediocridad, de las medias tintas, del conformismo, a apostar radicalmente, a ir hacia lo hondo, a lo profundo, más adentro. Frente a la tentación de una «excelencia desordenada», el P. Adolfo Nicolás SJ ya nos recordó en su momento que la mejor traducción de la palabra ignaciana *magis* es precisamente «*profundidad*»:

«Profundidad es, en mi opinión, quizás una mejor traducción del *magis* ignaciano. El inconveniente de traducir *magis* simplemente como más es que se puede entender con demasiada facilidad como el *más* de una cultura competitiva y consumista. Si tenemos más premios, calificaciones más altas, más ordenadores y más campos de deportes, más miembros de la Facultad con una alta graduación..., entonces podemos engañarnos con demasiada facilidad y creer que estamos viviendo el *magis*. No digo que estas cosas no sean importantes, ellas son vitales para un buen colegio. Pero para que sea un buen colegio jesuita, ellas no son suficientes» (A. NICOLÁS, 2009, p. 842).

Siguiendo el ejemplo de Jesús en los Evangelios, y del mismo Ignacio de Loyola, lo propio –o lo que debe ser lo propio– de un colegio jesuita es *la profundidad*. Por eso, el P. Nicolás nos invitaba a plantearnos cuestiones como éstas: ¿con qué profundidad respondemos a las necesidades de nuestros estudiantes? ¿Cómo respondemos al hambre profunda de encontrar sentido a sus vidas, de encontrar fuerza y razón para esperar, en definitiva, lo que el Reino de Dios puede llevar a sus vidas? ¿Con cuánta profundidad les enseñamos a ver la realidad? ¿Cómo podemos nosotros ayudarles a mirar con más profundidad el mundo real que se esconde detrás del virtual? ¿Cómo enseñarles a escudriñar esas páginas de falsas promesas de tal modo que sean capaces de contemplar el rostro de los pobres y se sientan movidos a servirles con pasión? ¿Con qué profundidad les invitamos a pensar? ¿Con qué profundidad llegamos al interior de las personas, a sus compromisos y sus convicciones, su fe y sus fuerzas?... (A. NICOLÁS, 2009, pp. 843-845).

Non multa sed multum

Esa búsqueda de la profundidad y la atención está también en la raíz de un lema clásico que se remonta a Plinio el Joven[2] y que se convirtió en un principio básico

---

[2] La expresión exacta es: *Aiunt enim multum legendum esse, non multa* («Pues dicen que hay que leer con hondura, no muchas cosas»). Se encuentra en el epistolario de Plinio el Joven, libro 7, carta 9, vers. 15. Se dirige a Fusco, que se inicia en oratoria, y le da criterio acerca de la lectura de autores varios.

de la espiritualidad y la pedagogía ignaciana: *non multa, sed multum*, es decir, *no muchas cosas, sino mucho*. En las anotaciones preliminares de los *Ejercicios Espirituales*, san Ignacio advierte tanto al que va a acompañar como al que va a hacer los Ejercicios:

«la persona que da a otro modo y orden para meditar o contemplar, debe narrar fielmente la historia de la tal contemplación o meditación, discurriendo solamente por los punctos con breve o sumaria declaración; porque la persona que contempla, tomando el fundamento verdadero de la historia, discurriendo y razonando por sí mismo y hallando alguna cosa que haga un poco más declarar o sentir la historia, quier por la raciocinación propria, quier sea en quanto el entendimiento es ilucidado por la virtud divina; es de más gusto y fructo spiritual, que si el que da los exercicios hubiese mucho declarado y ampliado el sentido de la historia; *porque no el mucho saber harta y satisface al ánima, mas el sentir y gustar de las cosas internamente*» (EE, 2, la cursiva es añadida).

«Quien mucho abarca, poco aprieta», dice el refrán. Puede que además de otras referencias y experiencias, Ignacio de Loyola también tuviera en mente ese dicho popular[3] a la hora de alertar sobre el peligro de la superficialidad, la dispersión y la distracción, e invitar a buscar la profundidad frente a la extensión, la calidad

---

[3] Que ya existía en su tiempo. De hecho, aparece en el auto XII de *La Celestina* de Fernando de Rojas, que san Ignacio había leído.

más que la cantidad. ¿Qué conlleva esa advertencia y esa invitación para todos aquellos, como nosotros, implicados en el ámbito educativo?

«No el mucho saber harta y satisface al ánima», dice Ignacio de Loyola, *«mas el sentir y gustar de las cosas internamente»*. Comentando esta frase, Mª Luz DE LA HORMAZA hace notar que «los *Ejercicios Espirituales* se pueden considerar como una pedagogía de la sensibilidad y de los sentidos, tanto corporales como interiores» (2010, p. 223) que abarca a *toda* la persona, en todas sus dimensiones: cognitiva, por supuesto, pero también afectiva y emocional, corporal, social, espiritual... Por eso el aprendizaje que proponen los *Ejercicios* no consiste solo en *saber*, sino que es necesario *saborear* (y no basta que enseñemos o ayudemos a saber, sino también a saborear). Saborear lo dulce y lo amargo, lo bueno y lo malo... sin regodearse en la dificultad, el dolor o el fracaso –en la «desolación», diría san Ignacio–, pero asumiéndolo sin esconderlo o evitarlo. Enseñar y aprender en clave ignaciana conlleva una apuesta que implica prestar atención con todos los sentidos, poner en juego toda la persona: se educa como se es –decíamos al principio– y se es como se educa.

Sentir y gustar las cosas internamente exige además cuidar las condiciones de la enseñanza y el aprendizaje que permitan esa atención y esa profundidad. Los *Ejercicios* insisten en la importancia de cuidar el lugar, los espacios y el tiempo del aprendizaje. Como decíamos antes, no se puede gustar deprisa y corriendo. «Sin silencio y sin tiempo no hay posibilidad de encuentro hondo, de disfrute de la presencia de un Dios que nos regala su amor y su ternura», escribe Mª Luz DE LA HORMAZA comentando la anotación de los *Ejercicios* (2010, p. 224).

Y aún podríamos añadir que sin silencio y sin tiempo no hay posibilidad de aprendizaje en profundidad, porque, como dice en uno de sus relatos el escritor José JIMÉNEZ LOZANO, «todas las cosas que se aprenden producen silencio mientras se adentran en el ánima» (2006, p. 133)[4].

Se trata por lo tanto de evitar la dispersión o la distracción (la superficialidad), favoreciendo la concentración y la atención (la profundidad). Por eso la pedagogía ignaciana insiste en que «lo más importante no es la cantidad de materia aprendida, sino más bien una formación sólida, profunda y básica» (ICAJE, 1986, n. 163), y que «el alumno debería plantearse el aprendizaje de la materia a la que se enfrenta como si no fuera a aprender nada más», sin la urgencia o la prisa de abarcarlo todo (ICAJE, 1993, n. 108). Pero no solo el alumno; también el docente, o la familia, o la organización escolar, debe contribuir a la profundidad y la atención.

Pedagógicamente, el exceso es un defecto; en educación, en muchas ocasiones, menos es más. Por eso estamos obligados a elegir qué es lo necesario e importante aquí, en este momento, y para esta o estas personas. No

---

[4] Y es que «el silencio que acompaña al asombro (…) no es la expresión de un mutismo, sino más bien de un *clamor*, la condición de un continuo ser interpelados y de una respuesta, de estar llamados a responder», que precede siempre al enunciado que describe y que constata, que afirma la verdad de lo que existe» (S. PETROSINO, 2001, p. 81).

es una tarea fácil. Vivimos en un mundo saturado de información y de recursos en el que es fácil despistarse a la primera de cambio; un mundo en el que se hace difícil renunciar a tenerlo todo, a hacerlo todo y a disfrutarlo todo. En los colegios, muchas veces, la dificultad no radica en qué otras cosas diferentes tenemos que hacer, sino en qué cosas tenemos que dejar de hacer para poder concentrarnos en lo que hacemos y dar más fruto educativo. Y ese es un reto que también se plantea en el ámbito familiar. Por nuestra condición humana necesitamos acción y, para ello, nos saturamos de actividades, pero como dice en uno de sus aforismos Ángel GABI-LONDO (2013, p. 100), «que haya muchas actividades no significa que haya acción». Pensamos además que la «acción» depende únicamente de nosotros y por eso nos afanamos en actuar sin prestar la atención necesaria a los demás y a nuestro entorno. Y es cierto que nuestro esfuerzo y nuestro trabajo son esenciales, pero el acontecimiento educativo los desborda por completo.

La escritora norteamericana Flannery O'Connor decía que lo que da sentido y vida a un relato (lo que hace que un relato «funcione», que «cuente» realmente una historia) es «una acción a través de la cual se ofrece la gracia. Y, a menudo, es una acción en la que el diablo ha sido el involuntario instrumento de la gracia» (F. O'CONNOR, 2007, p. 127). Esa acción es «el acontecimiento literario» del que surge la obra literaria[5]. En el caso de la educación sucede algo parecido:

---

[5] Sobre «el acontecimiento» en la literatura cf. G. ARBONA (2008, pp. 62ss).

el aprendizaje es fruto del acontecimiento, más aún, *es el acontecimiento mismo*, y la fuerza del mismo radica en nuestra disposición y en nuestra capacidad de prestarle la atención necesaria para vivirlo, transitarlo y responder a él[6].

Pedagogía del acontecimiento

En una conferencia impartida en 2005 en la Universidad de Oviedo, con motivo de la festividad de santo Tomás de Aquino, el filósofo y político Ángel Gabilondo comenzaba recordando un texto del discípulo y primer biógrafo del Aquinate, Guillermo de Tocco:

> «En sus lecciones abordaba nuevas cuestiones, hallaba un modo nuevo y claro de plantearlas, aportaba nuevas razones para resolverlas, de modo que dejaba resueltas las dudas de quienes le oían enseñar cosas nuevas con nuevos argumentos, porque había sido iluminado con los rayos de una nueva luz» (A. GABILONDO, 2006, pp. 11-12).

Parece claro que Tomás de Aquino debió de ser un gran innovador en su tiempo. Hasta siete veces repite la palabra «nuevo», su biógrafo, en ese pequeño párrafo. Hoy día se habla y se discute mucho a propósito de la innovación en todos los ámbitos, incluida la educación. Ya se ha dicho: el asombro es sorpresa, maravilla y

---

6 Para lo que sigue cf. sobre todo L. ARANGUREN (2008) y L. FERREIRO (2002).

admiración. Pero no necesariamente de «lo novedoso» o «lo diferente» sino de lo que se percibe de forma nueva. El asombro es el descubrimiento de lo oculto que se esconde en lo evidente, de la originalidad de lo común, de lo extraordinario que permanece escondido en lo cotidiano y lo ordinario, de lo que estando ahí siempre se percibe (*como*) por primera vez. De ahí que la auténtica innovación educativa no consiste simplemente en estar a la última, a la moda, o en buscar simplemente la distinción epatante, sino en tratar de percibir o experimentar «lo nuevo» que se esconde en la realidad *como si fuera la primera vez*. El aprendizaje va ligado a esa experiencia de novedad, de sorpresa, que la enseñanza trata de renovar permanentemente. En ese sentido, el aprendizaje está en la novedad que supone el acontecimiento, en su carácter sorprendente y revelador. Hay tres cosas que reinventan el mundo a cada momento: el amor, el perdón y el conocimiento. Todo es sorpresa y novedad con ellos; y no hay arte ni educación verdadera que no sea el resultado de la imperceptible y definitiva explosión de luz que producen en nosotros.

También el acontecimiento radical de Ignacio de Loyola junto al río Cardoner, tenía ese carácter de novedad y sorpresa, tal como lo cuenta en el relato del peregrino, su *Autobiografía*:

«Una vez iba por su devoción a una iglesia, que estaba poco más de una milla de Manresa, que creo yo que se llama sant Pablo, y el camino va junto al río; y yendo así en sus devociones, se sentó un poco con la cara hacia el río, el cual iba hondo. Y estando allí sentado se le empezaron abrir los ojos del entendimiento; y no que viese alguna visión, sino entendiendo y conociendo muchas cosas, tanto de cosas espirituales, como de cosas de la fe y de letras; y esto con una ilustración tan grande, que le parecían todas las cosas nuevas» (n. 30).

«Le parecían todas las cosas nuevas», dice san Ignacio. Seguramente no todas las experiencias personales de descubrimiento y transformación son tan radicales como la de Ignacio de Loyola[7]. Quizás tampoco –pensaremos nosotros– están tan puntualmente vinculadas a un a *un momento* concreto, sino que pueden ser el resultado de *un proceso*. Pero en realidad, como expresaba el filósofo francés Emmanuel MOUNIER (1992, p. 128), «todo acontecimiento está inscrito en un lugar y en un tiempo». Lo que ocurre es que a veces resulta ilegible al principio y «se necesita tiempo para rescatar el verdadero tiempo» (L. ARANGUREN, 2014, p. 25)[8].

---

[7] Con Luis FERREIRO (2002) diríamos que «un acontecimiento así se llama *conversión* y se experimenta muy pocas veces en la vida; quien no haya pasado por alguna debe interrogarse por su vida». Pero en el fondo todo acontecimiento es, de alguna manera conversión, bien sea transformación o, como dicen otros, «autotransformación del sujeto» (J. RIECHMANN, 2015, p. 218).

[8] También es así en el caso de la experiencia de Ignacio de Loyola, que continúa así el párrafo anterior de la *Autobiografía*: *«Y no se puede declarar los particulares que entendió entonces, aunque fueron muchos, sino que recibió una grande claridad en el entendimiento; de manera que en todo el discurso de su vida, hasta pasados sesenta y dos años, coligiendo todas cuantas ayudas haya tenido de Dios, y todas cuantas cosas ha sabido, aunque las ayunte todas en uno, no le parece haber alcanzado tanto, como*

¿Qué es entonces, o en qué consiste, *el acontecimiento?* El propio Emmanuel Mounier lo definía así: «la revelación de todo lo extraño, de la naturaleza y de los hombres, y en algunas ocasiones de algo más que el hombre» (E. MOUNIER, 1992, p. 205). El acontecimiento es revelación (conocimiento) y transformación (acción, compromiso), la huella de la realidad que irrumpe en nosotros, nos descoloca y nos obliga a responder. En una época en la que a cada momento se nos repite machaconamente que estamos viviendo «un momento histórico», corremos el riesgo de confundir el acontecimiento con los grandes relatos, las gestas pomposas, los sucesos extraordinarios o los hechos multitudinarios o mediáticos. Pero en realidad no es lo mismo. Más aún, a menudo los verdaderos acontecimientos se esconden en la realidad ordinaria y cotidiana y no están escritos con grandes titulares, sino con letra pequeña[9], en los detalles minúsculos, las vidas ordinarias, los pequeños relatos[10], como nos recuerda el libro de los Reyes (1 Re. 19, 11-13):

«El Señor le dijo a Elías:
– Sal y ponte de pie en el monte ante el Señor. ¡El Señor va a pasar!

---

de aquella vez sola. Y esto fue en tanta manera de quedar con el entendimiento ilustrado, que le parescía como si fuese otro hombre y tuviese otro intelecto, que tenía antes».

[9] B. GONZÁLEZ BUELTA (2015).

[10] *Los grandes relatos* es precisamente el título de un conjunto de narraciones del escritor José JIMÉNEZ LOZANO (1991) en el que el acontecimiento literario irrumpe en pequeñas historias, cosas simplicísimas contadas con simplicísimas palabras.

Vino un huracán tan violento, que descuajaba los montes y hacía trizas las peñas delante del Señor; pero el Señor no estaba en el viento. Después del viento vino un terremoto; pero el Señor no estaba en el terremoto. Después del terremoto vino un fuego; pero el Señor no estaba en el fuego. Después del fuego se oyó una brisa tenue; al sentirla, Elías se tapó el rostro con el mando, salió afuera y se puso en pie a la entrada de la cueva. Entonces oyó una voz que le decía:
– ¿Qué haces aquí, Elías?».

Por supuesto que un gran huracán, un aparatoso terremoto o un enorme fuego son –o pueden ser– un acontecimiento, pero sin perder de vista el hecho de que también una brisa suave lo es, o puede serlo. El acontecimiento no es simplemente el hecho, ni siquiera un «gran» hecho, sino un hecho que sucede de repente y luego se da uno cuenta de que sucede y nos revela algo de la verdad y la belleza de la realidad. El acontecimiento se produce incluso cuando nada ocurre y eso se convierte en algo que pasa (o que *nos* pasa). El acontecimiento se produce en el momento en el que incluso lo insignificante cobra significado y se convierte en fuente de conocimiento, de encuentro y de transformación: de asombro[11].

El acontecimiento es la realidad que irrumpe en nosotros y nos interpela: «un desconocido que pronuncia

---

[11] La experiencia del asombro es una manifestación sorprendente, la experiencia de una *visitación*, algo que, en palabras de Heidegger, «nos sucede, nos sale al encuentro, nos alcanza, nos desconcierta y nos transforma» (S. PETROSINO, 2001, pp. 68-69).

un *he aquí* ante el cual, especialmente cuando el acontecimiento es la persona del otro, no cabe otra respuesta que el *heme aquí*» (L. ARANGUREN, 2014, p. 23). Por eso, el acontecimiento por antonomasia es *el encuentro personal*, en el que los sujetos se reconocen como tales sujetos, y «no es un acontecimiento del que dispongamos por entero, sino que nos descubrimos como siendo desde el encuentro y fruto tanto como agentes de él» (J. MARTÍN VELASCO, 1995, p. 40)[12]. Casi podríamos decir que el acontecimiento es siempre un encuentro; o incluso un encontronazo, ya sea desastroso o ya sea lleno de alegría, como dice el escritor Jiménez Lozano (G. ARBONA, 2008, p. 63), del que no somos dueños, y que nos recuerda que de nada somos dueños.

El acontecimiento es una circunstancia dinámica, alegre o dolorosa, que abre nuevas posibilidades, y en ese sentido tiene también o plantea una dimensión moral: «el acontecimiento es *una categoría ética* que me exige un juicio y, al mismo tiempo, pone de manifiesto mi carácter moral o inmoral. Puede plantearse de la misma forma que la cuestión evangélica expresada en la parábola del buen samaritano: ¿quién es mi prójimo? Como es sabido, la respuesta de Jesús fue la de

---

[12] «Podemos tratar con el abogado, o con el médico, o con el sacerdote, pero solo nos podemos encontrar —en el sentido "fuerte" que estamos dando al término— con la persona, aunque frecuentemente lleguemos a ella a través de sus cualidades, de su función o de su trabajo» (J. MARTÍN VELASCO, 1995, p. 39). Lo mismo podríamos decir del maestro o profesor, o del alumno, o del padre, o del director.

hacer desfilar ante el herido a una serie de personajes que, en lugar de aproximarse a él, pasaron de largo, hasta que uno, el samaritano, se hizo prójimo del herido, cargando con la responsabilidad de salvarlo. Del mismo modo, se puede responder a la pregunta: ¿qué es un acontecimiento? Acontecimiento es aquello que tú decides que lo sea porque, lejos de trivializar el suceso, le dedicas toda tu atención, le das la máxima importancia, te haces totalmente presente a la situación creada por él y disponible para actuar en consecuencia con lo que exige aquí y ahora» (L. FERREIRO, 2002)[13]. El acontecimiento nos vincula en un compromiso que exige fidelidad creativa[14]. Por eso la dimensión moral (y pedagógica) del acontecimiento no se reduce simplemente a extraer una moraleja de las circunstancias que nos rodean, sino que tiene que ver con la propia transformación personal, con nuestro aprendizaje: nuestro conocimiento, nuestras capacidades y nuestro carácter, nuestras elecciones. Es en el acontecimiento donde se construye la persona.

De ahí que cuando decimos que necesitamos «una adecuada pedagogía del acontecimiento», que nos

---

[13] «En resumen», dice L. FERREIRO (2002), «el acontecimiento acontece cuando un tú se hace presente y trata al otro como a su propio yo. Parafraseando a G. Adolfo Bécquer podríamos decir: ¿qué es acontecimiento? ¿Y tú me lo preguntas? El acontecimiento eres tú».

[14] L. ARANGUREN (2014, p. 22). Sobre la idea de «fidelidad creativa», cf. A GARCÍA INDA (2017).

enseñe a descubrir y acercarnos al mismo[15], es porque el reto educativo no consiste únicamente en ayudar a mirar y ayudar a *atravesar* (y a dejarse atravesar por) los acontecimientos y no solo *pasar* por ellos, sino también consiste en ser conscientes de que *la educación es un acontecimiento en sí misma*. La auténtica educación o es un acontecimiento o no es tal educación. Por un lado, «el acontecimiento ahonda y perfora nuestro interior dotando de sentido lo que vivimos y hacemos»; por otro, «exterioriza hacia los demás la devolución del acontecimiento convertido en proyecto y compromiso» (L. ARANGUREN, 2014, p. 23). Es decir: interiorización de lo exterior y exteriorización de lo interior. «El acontecimiento será nuestro maestro interior», decía el filósofo Emmanuel Mounier en una conocida frase. Comentando esa idea Luis Aranguren dice que la frase «puede y debe leerse a la vez de dentro a fuera y de fuera a dentro, a saber, en el sentido personalista y al tiempo comunitario. Lo que solo acontece dentro no acontece; lo que solo acontece fuera no acontece tampoco».

---

[15] Para Luis FERREIRO (2002), esa pedagogía implica o requiere, al menos, cuatro grandes tareas, que pueden ser sus grandes aportaciones: a) despertar y sacar de la indiferencia a la persona, arrancarnos de esa existencia vegetativa en la que parece que nada pasa, nada sucede o nada nos conmueve; b) forjar el carácter frente al ensimismamiento y el egocentrismo en el que parece que solo a nosotros nos pasan las cosas; c) hacerse acontecimiento para los otros; d) iniciación al misterio y al don.

Notas para un taller de haikus

¿Cómo favorecer entonces la atención necesaria, no ya «a los acontecimientos» (como se dice habitualmente) sino *al acontecimiento* radical que se oculta e irrumpe en la realidad incluso más cotidiana? ¿Cómo impulsar la profundidad en lo que hacemos, para contribuir al éxito de la educación? Entre otras posibles herramientas, la espiritualidad ignaciana propone un recurso muy sencillo: el *examen de conciencia*. Es una oración breve que san Ignacio popularizó y exigía que todos los jesuitas debían hacer al menos diariamente. La versión original de Ignacio de Loyola aparece en el núm. 43 de los *Ejercicios Espirituales*:

«El primer puncto es dar gracias a Dios nuestro Señor por los beneficios recibidos.

El 2°: pedir gracia para conocer los pecados y lanzallos.

El 3° demandar cuenta al ánima: desde la hora que se levantó hasta el examen presente de hora en hora, o de tiempo en tiempo; y primero del pensamiento, y después de la palabra y después de la obra, por la misma orden que se dixo en el examen particular.

El 4°: pedir perdón a Dios nuestro Señor de las faltas.

El 5°: proponer enmienda con su gracia. Pater noster».

Como se ve, se trata de hacer un pequeño repaso o evaluación del día en clave de oración. Pero en ocasiones corremos el riesgo de utilizar mal la herramienta que Ignacio nos propone. La primera de esas posibles perversiones del examen es convertirlo en una tarea puramente mecánica consistente en hacer una lista de cosas (de sucesos, de actividades, de aciertos o de faltas); en realidad se trata de saborear y gustar (o volver a gustar) lo que estamos repasando, lo bueno y lo malo. No solo lo malo (y este sería otro de esos reduccionismos del examen de conciencia: regodearse en las faltas o pecados, alimentar los escrúpulos, etc.) pero *también* lo malo: las faltas, las oportunidades perdidas, las veces que hemos pasado de largo ante el otro, etc. Por último, hay que tener en cuenta que el *examen* no es fundamentalmente un *autoexamen*; no se trata de hacer simplemente un ejercicio de autointrospección, sino que como insiste el jesuita James MARTIN (2011, p. 91) es «un modo de orar, un modo de estar con Dios».

En realidad, el examen es una propuesta para hacer consciente y mirar crítica y agradecidamente la realidad, y su finalidad es «permitir a los creyentes encontrar a Dios en sus vidas», en todas las cosas y en todas las personas. Dios trabaja despacio y profundamente en nosotros y el objetivo del examen es que no se nos pase por alto ese lento trabajo de Dios que yace bajo la superficie de las cosas (J. MARTIN, 2011, pp. 97ss). Por eso, tampoco hay *una* forma canónica de hacer el examen de conciencia y puede hacerse de diferentes maneras que responden a la propuesta de Ignacio de Loyola: agradecimiento, revisión, petición, perdón, gracia... Sea cual sea la «estructura» (o los pasos) del examen, en realidad la dinámica es la misma: contemplar la realidad (mira, toca, escucha...), saborearla (siente, gusta...) y actuar. Por eso se dice que lo propio de la espiritualidad ignaciana es ser «contemplativos en la acción». La contemplación no tiene nada que ver con la inacción: la contemplación lleva –o debe llevar– a la acción y la acción a la contemplación (no hay lo uno sin lo otro). Eso es *lo que diferencia el asombro de la fascinación*: «Irreductible a cualquier éxtasis o rapto, el asombro no nos deja de hecho "pasivos y paralizados", no nos libera "del pensamiento de nuestra vida", sino (...) impone precisamente este pensamiento, no es "el acto supremo de la distracción", sino de la atención; no pertenece al orden de la irresponsabilidad, sino al de la responsabilidad» (S. PETROSINO, 2001, p. 79).

Hay unos versos de la poetisa estadounidense Mary Oliver que quizás pudieran servir para expresar esa dinámica (M. OLIVER, 2008, p. 37):

> *Instructions for living a life:*
> Pay attention.
> Be astonished.
> Tell about it.

Es decir: *presta atención* (contempla, mira, escucha...), *maravíllate* (siente cómo resuena la realidad, saboréala...) y *cuéntalo* (actúa). En esas pocas palabras resume Mary Oliver nada más –y nada menos– que las «instrucciones para vivir una vida».

En alguna ocasión, y como una forma de provocar y promover esa dinámica de atención y profundidad entre nosotros, optamos en algunas actividades formativas por realizar un *taller de haikus*. El haiku, como se sabe, es una «composición poética de origen japonés que consta de tres versos de cinco, siete y cinco sílabas respectivamente» (Diccionario RAE), y que últimamente se ha popularizado mucho. Por un lado, lo característico del haiku es la brevedad: tiene la forma de un fogonazo, de una impresión comunicada de modo fulminante, y eso exige concisión. De hecho, se dice que la estructura de diecisiete sílabas es la duración de una exhalación (haiku sería sinónimo de respiración). El propósito del haiku, en ese sentido, es expresar el acontecimiento –y la belleza– del instante que pasa. Además, el origen del haiku es la emoción que la realidad provoca en nosotros, la consciencia y la «compasión por las cosas»[16].

¿Por qué jugar a escribir haikus –o poesía– contribuye a la virtud de la profundidad? La idea no es nuestra. La sugería John Paul Lederach en su libro *La imaginación moral*, sobre la construcción de la paz[17]. El reto más complicado de la construcción de la paz –dice Lederach– es captar la esencia de las cosas, de las circunstancias, de la realidad, es decir: el acontecimiento. Ese es también el reto de la educación: ir a lo esencial, a lo profundo. Y resulta que el haiku es un lugar donde concurren la sencillez y la complejidad, es decir, donde puede inspirarse la fuente de la imaginación moral. Se trata de paladear la realidad y reflejar la vida, intentando «abarcar la complejidad mediante la sencillez», tratando de captar la plenitud de la experiencia humana en la simplicidad de un poema de diecisiete sílabas. Esa es la ilusión del haiku, o de su autor: *el mundo cabe / en diecisiete sílabas / (piensa el «haijin»…).*

---

[16] Sobre el haiku, véase V. HAYA (2013).
[17] J. P. LEDERACH (2007, pp. 108-109).

Pero ese *reflejo* no es únicamente el fruto de una reflexión intelectual analítica o una operación puramente racional –¡que también!–; y no consiste en un simple e imposible *reflejar* asépticamente la realidad, sino también en un *verse reflejado*: el auténtico conocimiento es siempre transformación[18]. En la espiritualidad ignaciana se utiliza a menudo un viejo término que aparece varias veces en los *Ejercicios Espirituales* y que tal vez podría aunar esa doble dinámica de reflexión y reflejo: *reflectir*, que vendría a significar algo así como «dejar que las cosas se reflejen en mí» (A. CHÉRCOLES, 2007, p. 1545). *Reflectir* es lo que hacemos cuando nos exponemos a una fuente de luz que nos permite *pensar, ver* y *vernos* en la realidad de otra manera[19].

«Cuando me encuentro en medio de una conversación tensa, trabajando con o entre grupos implicados en un conflicto grave, y la situación parece interminablemente compleja, me planteo a mí mismo una sencilla pregunta», dice J. P. LEDERACH (2007, p. 115):

---

[18] En ese sentido, la ruptura con lo cotidiano que supone el asombro, también en la educación, nunca es una huida de la realidad, no es «ningún éxtasis o rapto, sino la constitución de una relación más interna e íntima con el objeto que ahora aparece en la evidencia y en la intimidad de su ser-precisamente-eso» (S. PETROSINO, 2001, p. 76).

[19] Véase por ejemplo en EE, 243. Según A. CHÉRCOLES (2007, p. 1546), «el *reflectir* pone en juego a toda la persona para suscitar en ella, no una respuesta determinada, concreta, sino una actitud. Por tanto, el provecho que va buscando, no es tanto la "buena acción" sino dejar que mi realidad personal, en cuanto tal, se sienta tocada (...) por la sorpresa».

«si tuvieras que captar la esencia de esto en una frase de menos de ocho palabras, ¿qué dirías? Esos son la actitud y el momento haiku». Porque el haiku vendría a ser en realidad una actitud y un momento (*ibid.*, pp. 110-111). Es la disposición –humilde y sincera– para tocar y ser tocado por la realidad (y la belleza) y el eco de la realidad en nosotros, la conciencia y la respuesta, el «ajá». En suma, se trataba de cultivar la atención y la profanidad de la imaginación moral (ética) a través de la belleza de la imaginación poética (estética).

Paradójicamente, a pesar de su inmediatez y su brevedad, el haiku requiere mucho tiempo y mucha humildad. Humildad porque, cuando el haiku es tal, no es el poeta el que lo escribe, sino el mundo, la realidad. Y tiempo, porque el haiku no es tanto el resultado de un *momento*, sino de un *proceso* que permite captar ese momento. No es un aprendizaje meramente intelectual, sino un «adiestramiento espiritual» o un «entrenamiento en la percepción», sabiendo que no es la técnica simplemente la que crea la escucha, sino al revés (V. HAYA, 2013, pp. 22, 33 y 35). Contra lo que suele pensarse, el poema no nace de la *inspiración*, sino de la *atención*. De la atención que conduce al asombro (P. D'ORS, 2012, p. 26).

Es la atención la que nos permite descubrir el acontecimiento que se esconde en cada hecho. En sus *Cartas* al joven Franz Xaver Kappus, el poeta checo Rainer María Rilke animaba a su joven admirador y aprendiz de escritor a acercarse a la realidad contando «como si fuera el primero de los hombres, cuanto ve y experimenta y ama y pierde», atendiendo a todo lo que sucede cotidianamente. Y le advertía que, si la vida cotidiana le resultaba insuficiente o pobre para escribir un poema, no era por culpa de la realidad, sino del propio escritor, «que no es lo suficientemente poeta para extraerle sus riquezas. Para el verdadero creador no hay pobreza ni lugares comunes» (R. Mª RILKE, 2016, pp. 23-24). La realidad resplandece siempre, pero no siempre somos capaces de captar su resplandor. «Si tuviera ojos para ver», decía Ernst Bloch, «todo instante sería testigo del comienzo del mundo que tiene lugar, una y otra vez, en él» (cit. en S. PETROSINO, 2001, pp. 30 y 78). Y el asombro consiste precisamente en esa transformación que nos permite ver, más aún, que convierte el *ver* en un *mirar*, o que nos permite ver a través de la mirada. ¿Cómo? Con sencillez, confianza, paciencia, atención... Rainer Mª Rilke invitaba al joven poeta Kappus a estar atento «a las pequeñas cosas que a casi todo el mundo se le escapan, a las que pueden volverse de improviso grandes y más allá de toda medida», pero siendo paciente con todo lo que aún no ha resuelto el propio corazón: amando las propias preguntas sin empeñarse en las respuestas que aún no pueden obtenerse, *viviéndolo todo* (R. Mª RILKE, 2016, pp. 42-43).

Tal vez podríamos hacer extensiva esa invitación a todos nosotros, empeñados en una educación orientada a hacer de la propia vida una pequeña obra de arte, cultivando la virtud de la profundidad, viviéndolo todo con atención amorosa, como insiste también el Evangelio: «*Estad atentos*» (Mc 13,33; Lc 21,34). Es decir:

mirad con los oídos, escuchad con las manos, tocad con los ojos...

Cuestiones para la reflexión:

- ¿Qué implica para cada uno de nosotros (docentes, alumnos, familias, directivos...) la virtud de la profundidad? ¿Qué retos nos plantea?
- ¿Cómo favorecer nuestra atención (la de todos: alumnos, docentes, familias...)? ¿Qué podemos hacer personalmente –y el colegio, como organización– para «estar más atentos»?
- Contempla la realidad a tu alrededor; escucha cómo resuena en tu interior; escribe un haiku.

Referencias

ARANA, Germán (2007), «Paciencia», en GRUPO DE ESPIRITUALIDAD IGNACIANA, *Diccionario de espiritualidad ignaciana*, Mensajero / Sal Terrae, Bilbao / Santander, 1389-1391.

ARANGUREN GONZALO, Luis (2014), «Ante el acontecimiento», en AA.VV., *Carlos Díaz, testimonio y pensamiento: en reconocimiento en su setenta aniversario y jubilación*, Instituto Emmanuel Mounier, Madrid, 17-26.

ARBONA, Guadalupe (2008), *El acontecimiento como categoría del cuento contemporáneo. Las historias de José Jiménez Lozano*, Arco Libros, Madrid.

– (2017), *Puerta principal*, Encuentro, Madrid.

ARISTÓTELES (1970), Ética a Nicómaco, Instituto de Estudios Políticos, Madrid.

ARRUPE, Pedro (1973), «Promoción de la justicia y la formación de las asociaciones de Antiguos alumnos». Disponible en: http://bit.ly/2j5Xisg

BAUMAN, Zygmunt (2007a), *Vida de consumo*, Fondo de Cultura Económica, Madrid.

- (2007b), *Los retos de la educación en la modernidad líquida*, Gedisa, Barcelona.

BAUMAN, Zygmunt y L. DONSKIS (2015), *Ceguera moral. La pérdida de sensibilidad en la modernidad líquida*, Paidós, Barcelona.

BOBIN, Christian (2006), *Autorretrato con radiador*, Árdora, Madrid.

BOLÍVAR, Antonio (2010), *Cómo mejorar los centros educativos*, Editorial Síntesis, Madrid.

BONÉ, Ignacio (2014), «Confianza ingenua y sospecha extrema. Otra paradoja del liderazgo ignaciano»: *Manresa. Revista de espiritualidad ignaciana*, 86 (2014) 351-364.

BOURDIEU, Pierre y Loïc J. D. WACQUANT (1992), *Réponses. Pour une anthropologie réfllexive*, Seuil, Paris.

CABARRÚS, Carlos (2003), «El magis ignaciano. Impulso a que la humanidad viva –apuntes a vuelapluma»: *Revista Diakonia*, 107 (2003), 34-62. Disponible en: http://bit.ly/2AaxS7X

CARSON, Rachel (2012), *El sentido del asombro*, Encuentro, Madrid.

CAVANAUGH, William T. (2010), *El mito de la violencia religiosa. Ideología secular y raíces del conflicto moderno*, Editorial Nuevo Inicio, Granada.

CHÉRCOLES, Adolfo Mª (2007), «Reflectir», en GRUPO DE ESPIRITUALIDAD IGNACIANA, *Diccionario de espiritualidad ignaciana*, Mensajero / Sal Terrae, Bilbao / Santander, 1544-1546.

CHITTISTER, Joan (2011), *40 cuentos para reavivar el espíritu*, Sal Terrae, Santander.

CODINA, Gabriel (2007), «Pedagogía ignaciana», en GRUPO DE ESPIRITUALIDAD IGNACIANA, *Diccionario de espiritualidad ignaciana*, Mensajero / Sal Terrae, Bilbao / Santander, 1426-1430.

CURY, Augusto (2013), *Padres brillantes, maestros fascinantes*, Planeta, Barcelona.

DÍAZ, Carlos (2005), *La virtud de la paciencia*, Editorial Trillas, México.

DÍAZ MARCOS, Cipriano (2002), «La paciencia, ¿una virtud ausente?»: *Sal Terrae. Revista de teología pastoral*, 1060 (2002) 759-770.

DOMÈNECH FRANCESCH, Joan (2009), *Elogio de una educación lenta*, Graó, Barcelona.

D'ORS, Pablo (2012), *Biografía del silencio*, Siruela, Madrid.

ELÍAS, Norbert (1990), *La sociedad de los individuos*, Península, Barcelona.

ELÍAS, María Esther (2015), «La cultura escolar: Aproximación a un concepto complejo»: *Revista Electrónica Educare*, 19/2 (2015) 285-301. Disponible en: http://bit.ly/2B0INym

ELLUL, Jacques (1989), *La razón de ser. Meditación sobre el Eclesiastés*, Herder, Barcelona.

ESQUIROL, Josep Mª (2015), *La resistencia íntima. Ensayo de una filosofía de la proximidad*, Acantilado, Barcelona.

ESTRELLA, Benito (2014), *Loa a la vieja pizarra*, Fundación E. Mounier, Madrid.

EZPELETA AGUILAR, Fermín (2009), «Una réplica a la narrativa pedagógica antijesuita: *Los caballeros de Loyola* (1929) de Rafael Pérez y Pérez»: *Anuario de Estudios Filológicos*, XXXII (2009) 91-106.

FERREIRO ALMEDA, Luis (2002), «El acontecimiento será nuestro maestro interior»: *NOUS*, 6, (2002) 67-91. Disponible en: http://bit.ly/2zghUca

GABILONDO, Ángel (2006), *La fiesta de ser nuevo*, Universidad de Oviedo, Oviedo.

– (2013), *Por si acaso. Máximas y mínimas*, Espasa, Barcelona.

GALLAGHER, Michael Paul (2003), *Clashing Symbols. An Introduction to Faith and Culture*, Darton, Longman & Todd, London.

GARCÍA, José Antonio (2010), «Confía en Dios como si todo dependiera de ti...»: *Manresa. Revista de espiritualidad ignaciana*, 82 (2010) 277-284.

GARCÍA INDA, Andrés (2017), «Fidelidad creativa. Apuntes sobre identidad y renovación»: *Razón y fe*, 1419 (2017) 43-52.

GARCÍA-MÁIQUEZ, Enrique (2015), *Palomas y serpientes*, La Veleta, Granada.

GERVER, Richard (2014), *Crear hoy la escuela del mañana*, Editorial SM, Madrid.

GIL CORIA, Eusebio (ed.) (1999), *La pedagogía de los jesuitas, ayer y hoy*, Universidad Pontificia Comillas, Madrid.

GLADWELL, Malcolm (2009), *Fueras de serie. Por qué unas personas tienen éxito y otras no*, Taurus, Madrid.

GOMÁ LANZÓN, Javier (2017), *La imagen de tu vida*, Galaxia Gutenberg, Barcelona.

GONZÁLEZ, Gonzalo (2017), «Consideración de la educación como problema, un perfil sociológico»: *El Notario del Siglo XXI*, 71 (2017), 168-172.

GONZÁLEZ BUELTA, Benjamín (2015), *Letra pequeña. La cotidianidad infinita*, Sal Terrae, Santander.

HALÍK, Tomás (2014), *Paciencia con Dios. Cerca de los lejanos*, Herder, Barcelona.

HANH, Thich Nhat y BERRIGAN, Daniel (2009), *The raft is not the shore. Conversations toward a Buddhist-Christian awareness*, Orbis Books, New York (1ª ed. 1975).

HARGREAVES, Andy y FULLAN, Michael (2012), *Capital profesional. Transformar la enseñanza en cada escuela*, Ediciones Morata, Madrid.

HAYA, Vicente (2013), *Aware. Iniciación al haiku japonés*, Kairós, Barcelona.

HERNANDO, Almudena (2012), *La fantasía de la individualidad. Sobre la construcción sociohistórica del sujeto moderno*, Katz, Madrid.

HORMAZA, Mari Luz (2010), «No el mucho saber harta y satisface al ánima, mas el sentir y gustar de las cosas internamente»: *Manresa. Revista de espiritualidad ignaciana*, 82 (2010) 221-226.

HUGHES, Gerard W. (2012), *El Dios de las sorpresas*, Sal Terrae, Santander.

ICAJE (Comisión internacional para el apostolado de la educación de la Compañía de Jesús) (1986), *Características de la educación de la Compañía de Jesús*. Disponible en: http://bit.ly/2zN11p4

– (1993), *Pedagogía ignaciana. Un planteamiento práctico*. Disponible en: http://bit.ly/2zPDaVf

IGELMO ZALDÍVAR, Jon (2015), «La crítica a la pedagogía jesuita en la novela española (1898-1914). Un referente para el estudio del imaginario pedagógico en el inicio del siglo XX en el contexto español», en *Actas del XVIII Coloquio de Historia de la Educación: Arte, literatura y educación* (Vol. 1), Universitat de Vic, 198-210.

JIMÉNEZ LOZANO, José (1991), *Los grandes relatos*, Anthropos, Barcelona.

– (2006), «El secreto de la nieve», en *El ajuar de mamá*, Menoscuarto ediciones, Palencia.

– (2015), *Siete parlamentos en voz baja*, Editorial Confluencias, Salamanca.

KAFKA, Franz (2005), *Aforismos de Zürau*, Sexto piso, Madrid.

KAHNEMAN, Daniel (2015), *Pensar rápido, pensar despacio*, Debate, Madrid.

KEENAN, James F. (1997), «Catholic Moral Theology, Ignatian Spirituality and Virtue Ethics: Strange Bedfellows»: *The Way Supplement*, 88 (1997) 36-45.

KOLVENBACH, Peter Hans (1993), «La pedagogía ignaciana hoy» (Discurso a los participantes en el grupo de trabajo sobre pedagogía ignaciana, en Villa Cavalletti, 29 de abril de 1993). Disponible en: http://bit.ly/2ARkkuf

KUNDERA, Milan (1995), *La lentitud*, Tusquets, Barcelona.

IBARROLA, Begoña (2013), *Aprendizaje emocionante. Neurociencia para el aula*, Ediciones SM, Madrid.

LABRADOR HERRÁIZ, Carmen (1992), «Estudio histórico-pedagógico», en E. GIL (ed.), *El sistema educativo de la Compañía de Jesús*, Universidad Pontificia Comillas, Madrid 17-58.

LANGE CRUZ, W. Ignacio (2005), *Carisma ignaciano y mística de la educación*, Universidad Pontificia Comillas, Madrid.

L'ECUYER, Catherine (2012), *Educar en el asombro*, Plataforma Editorial, Barcelona.

– (2015), *Educar en la realidad*, Plataforma Editorial, Barcelona.

LEDEREACH, John Paul (2007), *La imaginación moral. El arte y el alma de la construcción de la paz*, Bakeaz, Bilbao.

LOWNEY, Chris (2014), *El liderazgo de los jesuitas*, Sal Terrae, Santander.

LURI, Gregorio (2015), *La escuela contra el mundo. El optimismo es posible*, Ariel, Barcelona.

MAFFEI, Lamberto (2016), *Alabanza de la lentitud*, Alianza Editorial, Madrid.

– (2017), *Elogio de la rebeldía*, Alianza Editorial, Madrid.

MARGENAT, Josep Mª (2010), *Competentes, conscientes, compasivos y comprometidos. La educación de los jesuitas*, PPC, Madrid.

MARTIN, James (2011), «Más en las obras que en las palabras». *Una guía ignaciana para (casi) todo*, Sal Terrae / Mensajero, Santander / Bilbao.

MARTÍN VELASCO, Juan (1995), *El encuentro con Dios*, Caparrós, Madrid.

MARTÍNEZ, Julio Luis (2007), «Virtudes», en GRUPO DE ESPIRITUALIDAD IGNACIANA, *Diccionario de espiritualidad ignaciana*, Mensajero / Sal Terrae, Bilbao / Santander, 1774-1778.

MASIÁ CLAVEL, Juan (1997), *El animal vulnerable. Invitación a una filosofía de lo humano*, Universidad Pontificia Comillas, Madrid.

MESNARD, Pierre (1985), «La pedagogía de los jesuitas», en Jean CHÂTEAU (dir.), *Los grandes pedagogos*, FCE, México, 53-109.

MESQUIDA SAMPOL, Joan (2017), «El tiempo de la paciencia de Dios»: *Razón y fe*, 1419 (2017) 53-62.

MILLÁN-PUELLES, Antonio (1992), «La fe como condición de posibilidad del asombro»: *Thémata. Revista de filosofía*, 10 (1992) 561-570.

MOLLÁ, Darío (2010), *Espiritualidad para educadores*, Bilbao, Mensajero.

– (2015), «El "más" ignaciano: tópicos, sospechas, deformaciones y verdad»: *Cuadernos EIDES*, 78,

Cristianisme i Justicia, Barcelona. Disponible en: http://bit.ly/2j4pWu3

MORA TERUEL, Francisco (2013), *Neuroeducación. Solo se puede aprender aquello que se ama*, Alianza Editorial Madrid.

MOUNIER, Emmanuel (1992), *Obras* (vol. I), Sígueme, Salamanca.

MÚJICA, Hugo (1997), *Flecha en la niebla*, Trotta, Madrid.

NEILL READHEAD, Zoë (2012), *Summerhill hoy*, Litera Libros.

NICOLÁS, Adolfo (2009), «Desafíos y problemas de la educación jesuita». Discurso en el Ateneo de Manila. Publicado en *Revista de Fomento Social*, 256 (2009) 839-85. Disponible en http://bit.ly/2hJUuon

– (2013), «Los Antiguos Alumnos de la Compañía de Jesús y su Responsabilidad Social: la búsqueda de un mejor futuro para la Humanidad. ¿Qué significa ser creyente hoy?». Disponible en: http://bit.ly/2hIF3fQ

O'CONNOR, Flannery (2007), *Misterio y maneras*, ed. de G. Arbona, Encuentro, Madrid.

O'MALLEY, John W. (1993), *Los primeros jesuitas*, Mensajero / Sal Terrae, Bilbao / Santander.

– (2016), *¿Santos o demonios? Estudios sobre la historia de los jesuitas*, Mensajero, Bilbao.

OLIVER, Mary (2008), *Red bird*, Beacon Press, Boston.

ORDOÑEZ DÍAZ, Leonardo (2013), «Notas para una filosofía del asombro»: *Tinkuy: Boletín de investigación y debate*, 20 (2013) 138-146.

PAPAGEORGE, Nicholas W.; Seth GERSHENSON & Kyung-min KANG (2016), «Teacher Expectations Matter»: IZA Discussion Paper Series No. 10165. Disponible en http://ftp.iza.org/dp10165.pdf

PEREDA, Carlos (2009), *Sobre la confianza*, Herder, Barcelona.

PETROSINO, Silvano (2001), *El asombro*, Encuentro, Madrid.

REVUELTA GONZÁLEZ, Manuel (1998), *Los colegios de jesuitas y su tradición educativa (1868-1906)*, Universidad Pontificia Comillas, Madrid.

– (2007), «Colegios», en GRUPO DE ESPIRITUALIDAD IGNACIANA, *Diccionario de espiritualidad ignaciana*, Mensajero / Sal Terrae, Bilbao / Santander, 335-340.

RICOEUR, Paul (1982), *Finitud y culpabilidad*, Taurus, Madrid.

RIECHMANN, Jorge (2015), *Autoconstrucción. La transformación cultural que necesitamos*, Los libros de la catarata, Madrid.

– (2016), *Ética extramuros*, UAM, Madrid.

RILKE, Rainer María (2016), *Cartas a un joven poeta*, Rialp, Madrid.

RINCÓN, José Leonardo (2003), «El perfil del estudiante que pretendemos formar en una institución educativa ignaciana», Ponencia en el Seminario de Espiritualidad Ignaciana celebrado en Río de Janeiro, Brasil. Disponible en http://bit.ly/2jCwTGk

RODRÍGUEZ OLAIZOLA, José Mª (2016), *El corazón del árbol solitario*, Sal Terrae Santander.

SANABRIA, J. Mª., (2010), *La paciencia*, (textos de Tertuliano, san Cipriano y san Agustín), Rialp, Madrid.

SANDEL, Michael (2011), *Justicia. ¿Hacemos lo que debemos?*, Debate, Madrid.

SERRA, Cristóbal (1999), *Nótulas*, Árdora, Madrid.

SHELTON, Paul J. (2014), *An Ignatian Approach to Virtue Education* (Tesis de licenciatura, Boston College of Theology and Ministry). Disponible en http://bit.ly/2AawS3v

TODOROV, Tzvetan (1995), *La vida en común. Ensayo de antropología general*, Taurus, Madrid.

TORRALBA, Francesc (2009), *La paciencia*, Editorial Milenio, Lleida.

– (2012), *La confianza*, Editorial Milenio, Lleida.

– (2015), *Pasión por educar*, Khaf, Madrid.

UGALDA QUINTANA, Jeannet (2017), «El asombro, la afección originaria de la filosofía»: *Areté. Revista de Filosofía*, XXIX / 1 (2017) 167-181.

VON HOFMANNSTAHL, Hugo (1991), *El libro de los amigos*, Cátedra, Madrid.

WEIL, Simone (1993), *A la espera de Dios*, Trotta, Madrid.

WUTHNOW, Robert (2003), «Is there a place for "scientific" studies of religion?»: *The Chronicle of Higher*

Education, 24 enero 2003. Disponible en: http://bit.ly/2AaBS8u

ZAVALLONI, Gianfranco (2011), *La pedagogía del caracol. Por una escuela lenta y no violenta*, Graó, Barcelona.

ZIZEK, Slavoj (2015), *Acontecimiento*, Editorial Sexto Piso, Madrid.